Weiterführend empfehlen wir:

Musterbriefe zur Bewerbung
ISBN 978-3-8029-3593-0

Das Vorstellungsgespräch
ISBN 978-3-8029-3840-5

Das Profi-Hörbuch Bewerbung
ISBN 978-3-8029-4640-0

Geheim-Code Arbeitszeugnis
ISBN 978-3-8029-3788-0

Kontakte knüpfen und beruflich nutzen
ISBN 978-3-8029-4613-4

400-Euro-Jobs
ISBN 978-3-8029-3339-4

Wir freuen uns über Ihr Interesse an diesem Buch. Gerne stellen wir Ihnen zusätzliche Informationen zu diesem Programmsegment zur Verfügung.

Bitte sprechen Sie uns an:

E-Mail: WALHALLA@WALHALLA.de
http://www.WALHALLA.de

Walhalla Fachverlag · Haus an der Eisernen Brücke · 93042 Regensburg
Telefon (0941) 5684-0 · Telefax (0941) 5684-111

Verena S. Rottmann

Legale Bewerbungstricks

Geschickt antworten auf unzulässige Fragen, Lücken im Lebenslauf vorteilhaft kaschieren

2., aktualisierte Auflage

Bibliografische Information Der Deutschen Bibliothek
Die Deutsche Bibliothek verzeichnet diese Publikation in der Deutschen Nationalbibliografie;
detaillierte bibliografische Daten sind im Internet über http://dnb.ddb.de abrufbar.

Zitiervorschlag:
Verena S. Rottmann, Legale Bewerbungstricks
Walhalla Fachverlag, Regensburg, Berlin 2007

Hinweis: Unsere Werke sind stets bemüht, Sie nach bestem Wissen zu informieren.
Die vorliegende Ausgabe beruht auf dem Stand von März 2007. Verbindliche Auskünfte
holen Sie gegebenenfalls beim Rechtsanwalt ein.

2., aktualisierte Auflage

© Walhalla u. Praetoria Verlag GmbH & Co. KG, Regensburg/Berlin
Alle Rechte, insbesondere das Recht der Vervielfältigung und Verbreitung
sowie der Übersetzung, vorbehalten. Kein Teil des Werkes darf in irgendeiner Form
(durch Fotokopie, Datenübertragung oder ein anderes Verfahren) ohne schriftliche
Genehmigung des Verlages reproduziert oder unter Verwendung elektronischer
Systeme gespeichert, verarbeitet, vervielfältigt oder verbreitet werden.
Produktion: Walhalla Fachverlag, 93042 Regensburg
Umschlaggestaltung: grubergrafik, Augsburg
Druck und Bindung: Westermann Druck Zwickau GmbH
Printed in Germany
ISBN 978-3-8029-3799-6

Nutzen Sie das Inhaltsmenü:
Die Schnellübersicht führt Sie zu Ihrem Thema.
Die Kapitelüberschriften führen Sie zur Lösung.

Ihr gutes „Recht zur Lüge" 7

1 Bewerbung ist Selbstdarstellung .. 11

2 Wie Sie dunkle Punkte im Lebenslauf verdecken 17

3 Ihr interessantes Bewerbungsschreiben 39

4 Das perfekte Vorstellungsgespräch 51

5 Der Ablauf eines Vorstellungsgesprächs 61

6 Wann „Notlügen" erlaubt sind ... 85

Schnellübersicht

7 Der Vorstellungsfragebogen 101

8 Wenn Sie eine Absage bekommen 113

9 Alle Tipps und Tricks auf einen Blick 119

Findex 131

Ihr gutes „Recht zur Lüge"

Die Arbeitslosenzahlen stagnieren auf hohem Niveau und offene Stellen sind nach wie vor Mangelware. Arbeitgeber profitieren davon in ganz besonderer Weise: Aus dem großen Heer der Arbeitsuchenden können sie sich die Qualifiziertesten und – in ihren Augen – Brauchbarsten herauspicken. Zu diesem Zweck werden immer ausgeklügeltere Auswahlverfahren entwickelt. Der Bewerbung und dem persönlichen Vorstellungsgespräch kommt immer größere Bedeutung zu: Nur wer die Auswahlkriterien kennt und sich dementsprechend gut „verkauft", kann erfolgreich sein.

Dabei sind die Zeiten des Fair Play endgültig vorbei. Aufgabe der Personalchefs ist es mittlerweile in erster Linie, leistungsorientierte sowie physisch und psychisch belastbare Mitarbeiter einzustellen. Um geeignete Bewerber herauszusieben, werden geschickt verpackte Fragen gestellt, die allerdings juristisch oftmals unzulässig sind. Das Dilemma ist: Wenn Sie die gewünschte Stelle haben wollen, dürfen Sie keine Frage unbeantwortet lassen, sonst scheiden Sie von vornherein aus.

Was kann und soll dieses Buch nun leisten? Auf keinen Fall handelt es sich um ein Anleitungsbuch, in dem gezeigt werden soll, wie Sie ein Bewerbungsschreiben am besten aufsetzen und welche Formalien einzuhalten sind. Ebenso wenig wird hier in Form eines Frage- und Antwortspiels ein fiktives Vorstellungsgespräch simuliert – dieses würde im Ernstfall wahrscheinlich doch ganz anders ablaufen. Regelrechte Anleitungsbücher gibt es mehr als genug, was allerdings nicht heißen soll, dass – zumindest einige – ihren Zweck nicht erfüllen würden.

Dieser Ratgeber zeigt Ihnen vielmehr, wie Sie bei der Bewerbung und im Vorstellungsgespräch gekonnt taktieren und bei kritischen Fragen (zum Beispiel wegen vorangegangener langer Arbeitslosigkeit, mehrfachem Stellenwechsel oder gesundheitlichen Problemen) die Wahrheit ein wenig beschönigen können, ohne die in bestimmten Fällen geltende Wahrheitspflicht zu verletzen.

Ihr gutes „Recht zur Lüge"

Not macht erfinderisch und – sie gibt Ihnen ein Recht auf Notwehr. Machen Sie also aus der Not eine Tugend und lernen Sie, Ihre Pluspunkte in der Bewerbung herauszustellen, während Sie weniger positive Umstände besser unter den Tisch fallen lassen. Bei juristisch unzulässigen Fragen haben Sie sogar ein „Recht zur Lüge"; dies ist durch die Rechtsprechung des Bundesarbeitsgerichts in bestimmten Fällen anerkannt. Sie erfahren in diesem Buch außerdem, wie Sie nur das für den Erhalt der Stelle Notwendigste über sich preisgeben und den Personalchef ansonsten über Ihre persönlichen Verhältnisse im Unklaren lassen können.

Ziel dieses Buches ist es auch, Sie in die Lage zu versetzen, auf jede Frage des Personalchefs eine für Sie vorteilhafte Antwort parat zu haben. Schließlich gilt: Nur wer weiß, was ein Personalchef hören will, bekommt den Job. Da Vorstellungsgespräche manchmal auch mit mehreren Bewerbern gleichzeitig durchgeführt werden, damit sich in der dadurch gegebenen Konkurrenzsituation der beziehungsweise die Beste profilieren kann, werden Sie in einem Extrakapitel auch für diese besondere Situation fit gemacht. Außerdem sind im Anschluss an jedes Hauptkapitel die Punkte, die Sie unbedingt beachten sollten, als Checklisten zusammengefasst.

Bitte haben Sie, liebe Leserinnen, Verständnis dafür, dass dieses Buch weitgehend in der „männlichen Form" geschrieben ist. Diese Schreibweise habe ich ausschließlich wegen der besseren Lesbarkeit des Ratgebers gewählt. Sie können jedoch sicher sein, dass ich mir als Frau der besonderen Diskriminierung von Frauen in der Arbeitswelt durchaus bewusst bin. Aus diesem Grunde sind in vielen Kapiteln auch spezielle frauenbezogene Ratschläge enthalten.

Abschließend noch Folgendes: Selbstverständlich kann ich Ihnen mit diesem Buch keine Garantie liefern, dass Ihre nächste Bewerbung zum Erfolg führen wird; dafür gibt es einfach zu viele Unsicherheitsfaktoren. Mein Ratgeber bietet daher nur eine allgemeine

Ihr gutes „Recht zur Lüge"

Aufklärung über Ihre Rechte und Möglichkeiten. Deshalb kann bei einer Befolgung der hier erteilten Ratschläge und Tipps auch keinerlei Haftung übernommen werden. Ich hoffe jedoch, dass Sie nach der Lektüre wissen werden, worauf es bei der Bewerbung und im Vorstellungsgespräch ankommt, sodass Sie zumindest selbstbewusster auftreten und Ihre Chancen auf diese Weise verbessern können. In diesem Sinne wünsche ich allen Leserinnen und Lesern viel Erfolg auf dem Weg zum Traumjob!

Verena S. Rottmann
www.karriere-coach.biz

Bewerbung ist Selbstdarstellung

1

Der „maßgeschneiderte" Lebenslauf .. 12

Wann Schwachstellen
offenbart werden müssen 13

Setzen Sie sich in ein gutes Licht 15

Bilden Sie Schwerpunkte 16

Bewerbung ist Selbstdarstellung

Der „maßgeschneiderte" Lebenslauf

Selbstdarstellung ist sicherlich nicht jedermanns Sache. Sie wird jedoch einfacher, wenn man weiß, worauf es bei einer Bewerbung ankommt und wie man beim Personalchef Pluspunkte sammeln kann. Besondere Aufmerksamkeit gilt stets dem Lebenslauf. Hüten Sie sich also davor, einen Standardlebenslauf zu entwerfen, den Sie allen Bewerbungen als Fotokopie beifügen. Der Lebenslauf sollte von Ihnen für die jeweilige Stelle geradezu maßgeschneidert werden.

Die wichtigsten Kriterien des Lebenslaufes

Die beiden wichtigsten Kriterien bei der Auswertung eines Lebenslaufes sind zum einen die Zeitfolge in der beruflichen Entwicklung des Bewerbers, angefangen von der Ausbildung bis zu seiner letzten Stelle, sowie zum anderen der Verlauf seiner beruflichen Karriere. Die Informationen zu diesen beiden Punkten können viel über den Charakter und die Fähigkeiten eines Bewerbers aussagen.

Kontinuität oder Trägheit?

So wird ein Personalchef einen Bewerber, der seine Stelle häufig und in kurzen Abständen gewechselt hat, möglicherweise als unstet und wenig ausdauernd einschätzen. Dagegen wird eine langjährige Anstellung (etwa zehn Jahre und länger) bei ein und derselben Firma häufig als ein Zeichen von Unflexibilität und Trägheit gewertet.

Wichtig: Natürlich kommt es immer auf den Einzelfall und insbesondere auf die Art der Tätigkeit an. So kann zum Beispiel bei einem jungen Journalisten oder einem Werbedesigner ein relativ häufiger Stellenwechsel nach nur kurzen Zeitabständen durchaus als positiv angesehen werden, weil er auf diese Weise schnell viel Berufserfahrung sammeln konnte. Dagegen würde ein derart häufiger Wechsel des Arbeitgebers bei einem Bankkaufmann oder bei einem Steuerfachgehilfen eher negativ zu Buche schlagen, weil in diesen Berufen eine gewisse Beständigkeit und Solidität erwartet werden. Wichtig ist in diesem Fall natürlich auch die Frage, ob dem Bewerber gekündigt wurde oder ob er seine bisherige Stelle selbst aufgegeben hat.

Bewusst w. soll...

Wann Schwachstellen offenbart werden müssen

> **Praxis-Tipp:**
>
> Insgesamt sollte sich aus Ihrem Lebenslauf eine kontinuierliche positive Entwicklung mit zunehmender Dauer Ihrer Berufstätigkeit erkennen lassen. Deshalb sollten Sie jede Stagnation und jeden Abstieg in Ihrer beruflichen Karriere entweder vertuschen oder möglichst plausibel mit solchen Gründen erklären, die nicht in Ihrer Person liegen.

So wirkt es auf jeden Fall günstiger, wenn Ihre Kündigung zum Beispiel aufgrund der Stilllegung einer Abteilung oder durch Rationalisierungsmaßnahmen erforderlich wurde, als wenn Ihnen wegen mangelnder Leistungen oder häufiger Erkrankungen gekündigt wurde.

Achtung: Wenn Sie selbst gekündigt haben, sollte das nicht aus reiner Sprunghaftigkeit geschehen sein, sondern ausschließlich, um sich beruflich weiterzuentwickeln.

Checkliste: Das gehört in den Lebenslauf

- Formulieren Sie bei jeder Bewerbung einen auf die jeweils ausgeschriebene Stelle speziell zugeschnittenen Lebenslauf.
- Vertuschen Sie Stagnationen und Abstiege in Ihrer beruflichen Karriere oder erklären Sie diese mit ungünstigen Umständen, auf die Sie keinen Einfluss hatten.
- Eigenkündigungen sollten Sie stets damit begründen, dass Sie sich beruflich weiterentwickeln wollten.

Wann Schwachstellen offenbart werden müssen
Fehlzeiten und Offenbarungspflichten

Richtig problematisch wird es bei einem Bewerber, wenn in seinem Lebenslauf Fehlzeiten auftauchen. Hierzu gehören unter anderem Ausfälle wegen Alkohol- oder Drogenproblemen sowie in diesem

Bewerbung ist Selbstdarstellung

Zusammenhang durchgeführte Therapien, schwere und insbesondere chronische Erkrankungen oder verbüßte Haftstrafen. In solchen Fällen ist zunächst einmal zu prüfen, ob es für Sie hinsichtlich der ausgeschriebenen Stelle eine Rechtspflicht gibt, eine derartige Schwachstelle in Ihrer Lebensgeschichte zu offenbaren. Grundsätzlich müssen Sie als Bewerber nur Angaben zu Ihrer Person sowie zu Ihrer Qualifikation machen, soweit Sie vom künftigen Arbeitgeber danach gefragt werden.

Wichtig: Eine eigenständige Offenbarungspflicht besteht für einen Bewerber nur dann, wenn er die „elementarsten Anforderungen" des vorgesehenen Arbeitsplatzes nicht erfüllen kann oder wenn Umstände vorliegen, die – objektiv betrachtet – für die in Aussicht stehende Stelle von grundsätzlicher Bedeutung sind. Dies wäre etwa der Fall, wenn ein Bewerber aufgrund einer schon vorliegenden Erkrankung weiß, dass er die Stelle zu dem vorgesehenen Termin nicht antreten kann (weil er zu diesem Zeitpunkt beispielsweise in Kur ist).

Schadensersatz bei Verletzung von Aufklärungspflichten

Ebenso bestünde eine Aufklärungspflicht gegenüber dem Arbeitgeber, wenn ein Bewerber durch eine ansteckende Krankheit Dritte, vor allem Mitarbeiter, gefährden könnte. Eine Offenbarungspflicht besteht auch für einen Bewerber, der einem Wettbewerbsverbot unterliegt. Er muss hierüber von sich aus alle erforderlichen Auskünfte (also insbesondere Ort, Zeit und Gegenstand) erteilen.

Achtung: Kommt der Arbeitsvertrag in solchen Fällen zustande und erfährt der Chef später von den bei der Bewerbung verschwiegenen Tatsachen, dann ist dieser in der Regel berechtigt, den Vertrag anzufechten und gegebenenfalls Schadensersatz zu fordern.

Hier gilt die Wahrheitpflicht

Im Einstellungsgespräch muss der Bewerber Fragen des Arbeitgebers nach früheren Arbeitgebern und der jeweiligen Dauer der Arbeitsverhältnisse wahrheitsgemäß beantworten.

Urteil des Landesarbeitsgerichts Köln v. 13.11.1995 – Az: 3 Sa 832/95

Setzen Sie sich in ein gutes Licht

Schwachstellen vorteilhaft begründen

Wenn Sie eine Schwachstelle offenbaren müssen, sollten Sie alles daransetzen, Ihr Manko in einem möglichst guten Licht erscheinen zu lassen. Hierfür eignen sich vor allem schicksalhafte Ereignisse sowie sonstige unvorhersehbare Umstände, die Sie aus Ihrer Lebensbahn geworfen haben (zum Beispiel Ihre Ehescheidung, der Tod eines geliebten Menschen oder ein Unfall). Gleichzeitig sollte eine solche Kerbe in Ihrem Lebenslauf durch besonders positive Entwicklungen nach Möglichkeit wieder ausgeglichen werden (etwa die erfolgreiche Absolvierung einer Weiterbildungsmaßnahme oder eine zusätzliche, ergänzende Ausbildung). Auf diese Weise entsteht bei der Lektüre Ihres Lebenslaufs der Eindruck, dass Sie durchaus in der Lage sind, sogar schwerwiegende Lebenskrisen zu meistern und sich wieder nach oben zu kämpfen. Dies spricht für Zähigkeit und Strebsamkeit, also für zwei im Berufsleben mehr denn je erwünschte Fähigkeiten.

Leere Flecken geschickt kaschieren

Spielen solche „dunklen Punkte" in Ihrer Vergangenheit für die in Aussicht stehende Stelle dagegen keine Rolle, sollten Sie die wahren Hintergründe – falls die wirkliche Erklärung nicht gerade karrierefördernd ist – tunlichst für sich behalten. Kaschieren Sie den leeren Fleck in Ihrem Lebenslauf besser mit solchen Tätigkeiten, die Ihrem beruflichen Fortkommen dienlich sein können, wie zum Beispiel Fortbildungskurse und andere Maßnahmen, mit denen Sie Ihr berufliches Engagement dokumentieren können.

Achtung: Tragen Sie nicht zu dick auf! Grundsätzlich sollten Sie solche Angaben auch belegen können. Etwas anderes gilt lediglich für von Ihnen frei erfundene „Überbrückungstätigkeiten", wie etwa eine selbstständige Beschäftigung. Hierfür gibt es in der Regel keine Belege. Dennoch sollte Ihre Geschichte unbedingt plausibel sein und auch zu Ihrer bisherigen beruflichen Entwicklung passen. Besonders schwierig ist es, längere Zeitlücken (von mehr als einem halben Jahr), die zum Beispiel durch lange Arbeitslosigkeit oder Krankheit entstanden sind, überzeugend auszufüllen. Wie Sie dies am geschicktesten anstellen, erfahren Sie im Folgenden.

Bilden Sie Schwerpunkte

Oftmals kann schon ein geschickt aufgesetzter Lebenslauf über kleinere Zeitlücken hinweghelfen. Lösen Sie sich ruhig von der hergebrachten Form des tabellarischen Lebenslaufs und fassen Sie ähnliche berufliche Tätigkeiten und Fortbildungen, die nach der Stellenausschreibung relevant sind, jeweils unter einer passenden Überschrift zusammen. Also z. B. *Marketing/Öffentlichkeitsarbeit, Administration/Controlling* (es folgen jeweils die bisherigen Tätigkeiten und Qualifikationen mit den Beschäftigungszeiten). Auf diese Weise wird der Blick sofort auf die wesentlichen Inhalte gelenkt und kürzere zeitliche Unterbrechungen der Berufstätigkeit fallen weniger ins Gewicht.

> **Checkliste: Zeitlücken geschickt ausfüllen**
>
> - Grundsätzlich muss ein Bewerber nur solche Dinge von sich aus offenbaren, die für die in Aussicht genommene Arbeit nach allgemeiner Auffassung von Bedeutung sind.
>
> - Wird aufgrund Ihrer Aufklärungspflicht eine Schwachstelle bekannt, sollten Sie diese – wenn möglich – als eine schicksalhafte Begebenheit darstellen.
>
> - Unerfreuliche Entwicklungen im Lebenslauf sollten grundsätzlich durch positive ausgeglichen werden.
>
> - Zeitlücken im Lebenslauf sollten mit tatsächlichen oder erfundenen (sofern nicht nachprüfbaren) Tätigkeiten ausgefüllt werden.
>
> - Bilden Sie thematische Schwerpunkte im Lebenslauf, um etwaige Zeiten der Arbeitslosigkeit zu überspielen.

Wie Sie dunkle Punkte im Lebenslauf verdecken 2

Zeitlücken machen stutzig 18

Lücke zwischen Ausbildung
und erstem Job 18

Längere Arbeitslosigkeit 19

Kündigung während der Probezeit 21

Fristlose Kündigung 23

Aussteigen 26

Familienpause 27

Drogen- und Alkoholprobleme 30

Unterbrechungen
durch Gefängnisaufenthalte 32

Schwere und chronische Krankheiten .. 34

Wie Sie dunkle Punkte im Lebenslauf verdecken

Zeitlücken machen stutzig

Ganz gleich, ob Sie einen tabellarischen oder, was eher selten ist, einen ausführlich geschriebenen Lebenslauf mit Ihrer Bewerbung einreichen: Bei Zeitlücken wird jeder Personalchef sofort stutzig und vermutet etwas Negatives. Sofern Ihre Bewerbung nicht schon deshalb sofort ausgemustert wird, müssen Sie auf jeden Fall damit rechnen, dass Sie gerade zu diesen „Fehlzeiten" peinlich befragt werden. Hier die häufigsten Problemfälle:

Lücke zwischen Ausbildung und erstem Job

Lange Wartezeiten oder Auszeiten

Vor allem nach Beendigung der Ausbildung oder des Studiums ist es nicht immer leicht, als Berufsanfänger sofort eine Stelle zu finden. Dies gilt insbesondere für Auszubildende, da die meisten Betriebe ihrer Auszubildenden grundsätzlich nicht in ein Arbeitsverhältnis übernehmen. Auch Jungakademiker, vor allem wenn sie eine allseits beliebte Fachrichtung eingeschlagen haben, müssen ebenfalls mit einer mehr oder weniger langen Wartezeit rechnen. Vielleicht haben Sie nach Ihrer Ausbildung aber auch einfach nur eine „Auszeit" eingelegt oder einen lang erträumten Auslandsaufenthalt verwirklicht.

Sorgen Sie für einen positiven Eindruck

Im Bewerbungsschreiben macht es sich natürlich gar nicht gut, wenn Sie angeben: vom … bis … „ohne Stelle" oder „durch Australien getrampt". Dies gilt leider auch für Berufsstarter. Haben Sie nämlich seit der Beendigung Ihrer Ausbildung nur dutzendfach Bewerbungen geschrieben und – vielleicht – auf ein Wunder gewartet, könnte so mancher Personalchef daraus schließen, dass Sie ein nicht gerade kreativer Mensch mit wenig Ehrgeiz und Durchsetzungsvermögen sind, der sich ergeben seinem Schicksal hingibt.

Wichtig: Selbst wenn Sie sich bei Ihren vielen Bewerbungen die Finger wund geschrieben haben, wird man Sie in diesem Fall eher als träge und wenig dynamisch einschätzen.

> **Praxis-Tipp:**
>
> Um diesen Eindruck zu vermeiden, sollten Sie in Ihrer Bewerbung für die Wartezeit auf eine Stelle oder für die Zeit, in der Sie einfach mal ausgestiegen sind, unbedingt eine oder mehrere Tätigkeiten angeben. Dies könnten zum Beispiel Urlaubsvertretungen oder Praktika im In- oder Ausland sein.

Einen Auslandsaufenthalt sollten Sie übrigens möglichst immer mit einem Intensivsprachkurs verbinden (Zeugnis oder Teilnahmebescheinigung nicht vergessen!). Gute Sprachkenntnisse können in vielen Berufen nützlich sein. Ebenso könnten Sie mit einer Tätigkeit als freier Mitarbeiter beweisen, dass Sie gleich nach Abschluss Ihrer Ausbildung bemüht waren, erste Berufserfahrungen zu sammeln. Aber auch einfache Aushilfs- oder Ferienjobs, die im weitesten Sinne einen Bezug zu Ihrer Ausbildung aufweisen, wirken sich in der Regel vorteilhaft auf Ihre Bewerbung aus.

Längere Arbeitslosigkeit

Schwieriger dürfte Ihre Situation sein, wenn Sie nach dem Verlust einer Stelle lange Zeit arbeitslos gewesen sind. Denn Bewerber, die etwa länger als sechs Monate arbeitslos waren, werden von Personalchefs meist von vornherein skeptisch betrachtet, obwohl – angesichts der heutigen Wirtschaftslage – Arbeitslosigkeit jeden treffen kann.

Wie Sie dunkle Punkte im Lebenslauf verdecken

Ist die Kündigung eigen- oder fremdverschuldet?

Bei Ihrer Beurteilung wird es in erster Linie darauf ankommen, ob Ihnen die Kündigung zugerechnet werden kann oder ob sie Sie unverschuldet getroffen hat. Im letzteren Fall sollten Sie in Ihrer Bewerbung gleich den Grund für Ihre Entlassung nennen, also zum Beispiel Stellenabbau, Betriebsschließung oder Insolvenz des Arbeitgebers.

Liegt dagegen keine solche „schicksalhafte" Kündigung vor, sollten Sie die Lücke, die durch Ihre Arbeitslosigkeit im Lebenslauf entstanden ist, möglichst mit solchen Tätigkeiten ausfüllen, die für Ihre berufliche Weiterentwicklung günstig erscheinen. Hierfür eignen sich vor allem Fortbildungskurse (beispielsweise Intensivsprachkurse, IT-Kurse) sowie sonstige Weiterbildungs- oder Spezialisierungsmaßnahmen (zum Beispiel Abendschule, Fernstudium).

Wichtig: Näheres erfahren Sie bei Ihrer örtlichen Volkshochschule, bei Ihrer Agentur für Arbeit oder auch bei Arbeitslosen-Initiativen. Adressen und Telefonnummern finden Sie im Telefonbuch.

> **Praxis-Tipp:**
>
> Sollten Sie in Ihrer Berufssparte von vornherein mit einer längeren Arbeitslosigkeit rechnen müssen, kann sogar die Annahme einer unter Ihrer Qualifikation liegenden Tätigkeit empfehlenswert für Sie sein. Dadurch beweisen Sie zumindest, dass Sie über einen ausgeprägten Arbeitswillen verfügen und aufgrund Ihrer Kündigung nicht in Passivität verfallen sind.

In beruflich ganz aussichtslosen Fällen kann auch eine Umschulung empfehlenswert sein. Gleiches gilt, wenn Sie wegen einer schweren Krankheit beziehungsweise wegen der Folgen eines Unfalls Ihren bisherigen Beruf nicht mehr ausüben können oder wollen.

Rückschläge zu Stärken machen

Wenn Sie auf diese Weise zeigen, dass Sie in der Lage sind, berufliche Stillstände in Ihrer Karriere sinnvoll zu überbrücken und sich währenddessen noch weiterzuentwickeln, vermitteln Sie dem Leser Ihres Lebenslaufes, dass Sie ausdauernd sind und sich durch Rückschläge nicht entmutigen lassen. Hierbei handelt es sich um Charaktereigenschaften, die im Berufsleben sehr erwünscht sind.

Wichtig: Falls Sie Ihre Fortbildungs- oder Spezialisierungmaßnahmen außerdem so wählen, dass die Verfolgung eines bestimmten beruflichen Zieles erkennbar wird, dann haben Sie bereits einige Pluspunkte gesammelt, weil Sie hierdurch ein gesundes Maß an Ehrgeiz und Zielstrebigkeit beweisen.

Abschließend noch ein Tipp für arbeitslose Väter mit Kindern im betreuungsbedürftigen Alter. Sie können getrost angeben, eine Familienpause eingelegt zu haben, in der Sie sich in erster Linie der Erziehung Ihrer Kinder gewidmet haben, um Ihrer Frau oder Lebenspartnerin die Beendigung ihrer Ausbildung bzw. ihres Studiums oder die weitere Ausübung ihres Berufes zu ermöglichen. Diese Begründung kann vor allem in jungen, fortschrittlichen Unternehmen gut ankommen.

Kündigung während der Probezeit

Den Arbeitgeber einbeziehen

Lag Ihre Verweildauer in einem Job unter sechs Monaten, ist auf den ersten Blick klar, dass Sie bei diesem Arbeitgeber schon die Probezeit nicht überstanden haben. In diesem Fall wäre es für Sie am günstigsten, wenn aus Ihrem Zeugnis hervorginge, dass Sie das Arbeitsverhältnis auf eigenen Wunsch beendet haben. Sie sollten deshalb beim Ausscheiden aus einer Firma nach oder während der Probezeit

Wie Sie dunkle Punkte im Lebenslauf verdecken

darauf aufmerksam machen, dass ein Arbeitgeber durch die Angaben im Zeugnis nicht den weiteren Lebensweg eines Arbeitnehmers erschweren darf.

Praxiserfahrungen herausstreichen

Versuchen Sie außerdem, in Ihrem Bewerbungsschreiben hervorzuheben, was Sie trotz der kurzen Zeit als besondere Berufserfahrung mitgenommen haben, auch wenn es sich hierbei in der Regel lediglich um Grundlagenwissen handeln dürfte.

Im Vorstellungsgespräch können Sie dann genauer erklären, aus welchen Gründen Ihnen die Stelle nicht auf Dauer zugesagt hat. Hier sollten Sie aber nur fachliche Gründe angeben (zum Beispiel reine Erledigung von Routineaufgaben, wodurch Sie sich unterfordert fühlten).

Achtung: Nennen Sie jedoch nie ein schlechtes Arbeitsklima als Grund für die Aufgabe Ihrer Stelle und hüten Sie sich davor, etwas Negatives über frühere Chefs oder Mitarbeiter zu äußern. Man würde sonst sofort mutmaßen, ob nicht vielleicht Sie der tatsächliche Grund für das schlechte Arbeitsklima gewesen sind.

Die „Flucht nach vorne" antreten

Sollte Ihr früherer Chef nach einer Kündigung in der Probezeit Ihr Zeugnis nicht so wohlwollend ausstellen, obwohl er eigentlich rechtlich grundsätzlich dazu verpflichtet ist, und wird dem Zeugnisleser deshalb auf den ersten Blick klar, dass Sie gefeuert wurden, hilft Ihnen bei Ihrer Bewerbung lediglich die Flucht nach vorn. Geben Sie im Lebenslauf nur kurz die Schwerpunkte Ihrer Tätigkeit an. Achten Sie darauf, dass es sich möglichst um solche Aufgabengebiete handelt, die in einem Zusammenhang mit der angestrebten neuen Stelle stehen. Im Vorstellungsgespräch sollten Sie dann deutlich machen, dass Ihr früherer Chef offenbar andere Erwartungen an Ihr Tätigkeitsfeld geknüpft hat, als dies für Sie aufgrund der Stellenbeschreibung sowie des Vorstellungsgespräches erkennbar war. Machen Sie auch hier wieder deutlich, dass Sie trotz der kurzen Beschäftigungsdauer etwas Sinnvolles gelernt haben, was Sie in Ihrer beruflichen Entwicklung weiterbringt.

Fristlose Kündigung

Nur das Gespräch mit dem Arbeitgeber hilft weiter

Bei einer fristlosen Kündigung im beruflichen Werdegang eines Bewerbers wird jeder Personalchef hellwach. Sofern sich nicht schon aus der Formulierung Ihres Zeugnisses ergibt, dass Sie fristlos entlassen wurden, lässt es sich natürlich unschwer aus Ihrem Ausscheidungsdatum schließen. Dies ist immer dann der Fall, wenn das Ende Ihrer Anstellung nicht mit einer der üblichen Kündigungsfristen einhergeht. Daher sollten Sie nach Ausspruch einer fristlosen Kündigung zumindest versuchen, Ihren Chef in einem persönlichen Gespräch „um Gnade" zu bitten und zur Wahrung des äußeren Scheins das Arbeitsverhältnis zum fristgerechten Termin enden zu lassen. Machen Sie Ihrem Arbeitgeber dabei deutlich, welche gravierenden Auswirkungen die fristlose Kündigung für Ihren weiteren Lebensweg haben würde. Vielleicht wäre dadurch sogar Ihre berufliche Karriere beendet?

> **Praxis-Tipp:**
>
> Für die Zeit von der tatsächlichen bis zur offiziellen Beendigung Ihrer Tätigkeit könnte der Chef Ihnen „unbezahlten Urlaub" gewähren, damit Ihr Lohnanspruch für diesen Zeitraum entfällt.

Achtung: Allerdings dürfte diese elegante Lösung nur dann in Frage kommen, wenn Sie eine kurze ordentliche Kündigungsfrist

Wie Sie dunkle Punkte im Lebenslauf verdecken

haben (die kürzeste gesetzliche Kündigungsfrist beträgt vier Wochen zum 15. oder zum Monatsende). Sonst wird sich Ihr Arbeitgeber wohl kaum auf diesen Vorschlag einlassen.

Was, wenn Sie fristlos kündigen?

In ähnlicher Weise könnten Sie auch verfahren, wenn Sie fristlos kündigen wollen. In diesem Fall sollten Sie besser die ordentliche Kündigung einreichen und ab sofort entweder Ihren Resturlaub nehmen oder um unbezahlten Urlaub bitten. Auf diese Art ersparen Sie sich ein auffälliges Ausscheidungsdatum im Lebenslauf.

Selbstverständlich ist es nicht ohne Belang, ob Sie selbst gekündigt haben oder ob Sie rausgeworfen wurden. Wenn Sie selbst gekündigt haben, sollten Sie darauf bestehen, dass dies auch aus Ihrem Zeugnis hervorgeht. Meist wird dies so formuliert: „Herr ... scheidet auf eigenen Wunsch aus." Es wäre für Sie natürlich besonders vorteilhaft, wenn Ihr Arbeitgeber dazu im Zeugnis noch sein besonderes Bedauern über Ihren Austritt aus der Firma ausdrücken würde.

Achtung: Ob der Chef diese sonst übliche „Bedauer-Klausel" in das Zeugnis schreibt, dürfte im Fall einer fristlosen Kündigung von den Umständen des Einzelfalls abhängen. Wenn Sie sich „im Bösen" getrennt haben, wird er Ihnen wohl kaum den Gefallen tun. Einen Rechtsanspruch auf diese Formulierung haben Sie jedenfalls nicht.

Eine wohlwollende Beurteilung ist Pflicht

Wurde dagegen Ihnen fristlos gekündigt, darf Ihr Chef den wahren Kündigungsgrund nicht ins Zeugnis schreiben, wenn dies für Ihre berufliche Zukunft nachteilig sein könnte. Zwar muss der Inhalt des Zeugnisses der Wahrheit entsprechen, doch soll die Beurteilung wohlwollend geschehen. So sind einmalige Vorfälle oder Umstände,

Fristlose Kündigung

auch wenn sie zur Auflösung des Arbeitsverhältnisses geführt haben, grundsätzlich nicht in das Zeugnis mit aufzunehmen. Allerdings verstehen es die meisten Chefs, auch zwischen den Zeilen Negatives auszudrücken.

Bei „ungerechtem Zeugnis" zum Arbeitsgericht

Fällt das Zeugnis zu schlecht aus, können Sie vor das Arbeitsgericht ziehen und es dort abändern lassen.

Wenn Sie aufgrund eines gespannten Verhältnisses zu Ihrem Arbeitgeber damit rechnen müssen, ein schlechtes Zeugnis zu erhalten, können Sie – zur Schadensbegrenzung – auch nur um ein so genanntes einfaches Zeugnis bitten. Darin werden lediglich Angaben über die Art und die Dauer Ihrer Beschäftigung gemacht. Dagegen enthält ein einfaches Zeugnis keine Wertung Ihrer Leistung oder Führung.

Wichtig: Achten Sie darauf, dass Ihre bisherigen Aufgaben und Tätigkeiten klar und eindeutig beschrieben werden und auch der Grad Ihrer Selbstständigkeit sowie die Ihnen übertragene Verantwortung dabei deutlich werden. Grundsätzlich müssen Sie bei der Vorlage eines einfachen Zeugnisses in einem späteren Vorstellungsgespräch aber mit Nachfragen rechnen, weil ja die für einen Arbeitgeber interessantesten Informationen über einen Bewerber, nämlich die Bewertung seiner Leistungen sowie seines Verhaltens, in einem einfachen Zeugnis fehlen.

Trennung in gegenseitigem Einvernehmen

Eine weitere Variante zur Abschwächung einer fristlosen Kündigung besteht darin, Ihren Arbeitgeber um den Zusatz im Zeugnis zu bitten, dass Sie sich „in gegenseitigem Einvernehmen" getrennt haben oder Ihre Entlassung aus betrieblichen Gründen nötig war. Sie müssen aber auch dann damit rechnen, dass Ihr künftiger

Wie Sie dunkle Punkte im Lebenslauf verdecken

Arbeitgeber im Vorstellungsgespräch nachhaken wird, um die wirklichen Gründe für die Beendigung des früheren Arbeitsverhältnisses in Erfahrung zu bringen.

Aussteigen

Den Wiedereinstieg rechtzeitig planen

Wer beabsichtigt, für längere Zeit einfach mal aus dem Alltagstrott und damit auch aus dem Berufsleben auszusteigen, um beispielsweise einen schon lange erträumten Auslandsaufenthalt zu verwirklichen, sollte nicht nur seine Reise sorgfältig organisieren, sondern sich auch schon Gedanken darüber machen, wie der Wiedereinstieg ins „normale" Leben später glücken könnte.

Wichtig: Welche Vorbereitungen dafür im Einzelnen zu treffen sind, hängt in erster Linie von der Art Ihrer bislang ausgeübten Tätigkeit ab. So wird es zum Beispiel einem Bankangestellten, der ein oder zwei Jahre nach Neuseeland geht, um Schafe zu züchten, schwerer fallen, nach seiner Rückkehr wieder im Bankgewerbe Fuß zu fassen, als etwa einem Arzt, der sich längere Zeit in einem Entwicklungsland aufgehalten hat und nun wieder in einem deutschen Krankenhaus praktizieren möchte.

Einen Einstieg in den Ausstieg finden

Wenn Sie also nicht wirklich alle Brücken in Deutschland hinter sich abbrechen wollen, sollten Sie während Ihres Ausstiegs zumindest zeitweise eine berufliche Tätigkeit ausüben, die in Ihren beruflichen Werdegang passt. Sogar wenn Sie nur als Reiseleiter oder Animateur gejobbt haben, kann dies für Ihren späteren beruflichen Weg nützlich sein. Denken Sie dabei unbedingt an Zeugnisse, Bescheinigungen oder sonstige Zertifikate ausländischer Arbeitgeber oder Institutionen.

Selbstständigkeit als Alternative

Sofern es sich mit Ihrem früheren Beruf vereinbaren lässt, kommt aber auch eine selbstständige Tätigkeit in Betracht. Hier gibt es ein breites Spektrum, angefangen vom Handwerk über technische Berufe bis hin zum Makler oder Anlageberater.

Achtung: Dabei sind allerdings die wirtschaftlichen und juristischen Bedingungen des jeweiligen Landes zu berücksichtigen. Der tatsächliche Umfang und Erfolg Ihrer selbstständigen Tätigkeit wird jedoch von einem künftigen Arbeitgeber nur sehr schwer nachprüfbar sein. Notfalls können Sie – mit ein wenig Phantasie – eine solche selbstständige Tätigkeit auch erfinden. Natürlich gilt das oben Gesagte im Großen und Ganzen auch für diejenigen Aussteiger, die in deutschen Landen dem Alltag entfliehen wollen.

Familienpause

Mit der Arbeitsmarktentwicklung Schritt halten

Dieses Kapitel betrifft vor allem Frauen, weil – trotz der veränderten Regelungen über die Elternzeit und den Umfang der Teilzeitarbeit – noch immer überwiegend sie es sind, die Beruf und Karriere in den Hintergrund stellen, um Familienarbeit zu leisten. Natürlich handelt es sich bei einer Familien- oder Babypause nicht um einen „dunklen Fleck" in Ihrer Vergangenheit, für den Sie sich etwa schämen müssten. Dennoch haben es viele Frauen, vor allem wenn sie zehn Jahre oder länger nicht berufstätig gewesen sind, außerordentlich schwer, den Wiedereinstieg ins Berufsleben zu schaffen.

Höher qualifizierte Berufe sind besonders betroffen

Dies gilt insbesondere für höher qualifizierte Berufe, in denen sich die Arbeitsbedingungen oft rasant verändern (beispielsweise durch neue Computerprogramme, Neuerungen im medizinischen oder

Wie Sie dunkle Punkte im Lebenslauf verdecken

juristischen Bereich). Aus diesem Grund stehen viele Personalchefs Frauen nach der Familienpause häufig skeptisch gegenüber und hegen so manchen Zweifel, ob sie den heutigen Anforderungen in ihrem Beruf überhaupt noch gewachsen sind.

Den Anschluss halten

Beabsichtigen Sie also, sich mehrere Jahre der Kindererziehung zu widmen und erst wieder berufstätig zu werden, wenn die Kinder „aus dem Gröbsten sind", sollten Sie auf jeden Fall versuchen, während dieser Zeit auch beruflich auf dem Laufenden zu bleiben. Dies können Sie beispielsweise dadurch, dass Sie über Kolleginnen oder Kollegen Kontakt zu Ihrer alten Arbeitsstelle halten, sich über Fachliteratur und -zeitschriften über berufsspezifische Veränderungen informieren oder an Auffrischungs- oder Fortbildungskursen, die für Ihren Beruf wichtig sein können, teilnehmen.

> **Praxis-Tipp:**
> Solche Seminare werden unter anderem von den Firmen intern, von Volkshochschulen oder speziellen Institutionen für Erwachsenenbildung angeboten. Erkundigen Sie sich diesbezüglich auch bei Ihrer Agentur für Arbeit.

Auf diese Weise verlieren Sie während der Familienpause nie völlig den Bezug zu Ihrem Beruf.

Zeit zum Umdenken

Mit der Geburt eines Kindes beginnt im Leben der Eltern ein neuer wichtiger Lebensabschnitt. Deshalb ist es nur zu verständlich, wenn Sie zunächst lediglich den Wunsch verspüren, wenigstens die ersten Jahre ausschließlich für Ihr Kind da zu sein, um ihm genügend

Familienpause

Zuwendung und Geborgenheit geben zu können. Viele hängen ihren Beruf nach der Geburt ihres Kindes deshalb einfach an den Nagel und genießen erst einmal die Zeit des Familienlebens. Vielleicht stellen Sie ja nach ein paar Jahren fest, dass Ihnen Ihr bisheriger Beruf auf die Dauer nicht mehr so viel Freude bereiten würde wie früher.

Neue Perspektiven schaffen

Sie könnten sich deshalb während Ihrer Erziehungspause auch überlegen, gegebenenfalls einen völlig anderen Berufsweg einzuschlagen. Unter Umständen fühlen Sie sich noch nicht zu alt, um eine neue oder eine zusätzliche Ausbildung zu beginnen, ein Studium zu absolvieren beziehungsweise ein wegen der Kindererziehung abgebrochenes Studium zu beenden.

Wichtig: Möglicherweise verbessern Sie nach einer langjährigen Pause so die Chancen für einen Wiedereintritt in das Berufsleben ganz erheblich. Schließlich haben qualifizierte Bewerberinnen in der Regel weitaus bessere Aussichten, eingestellt zu werden.

Selbstbewusst die eigenen Qualitäten aufzeigen

Auf jeden Fall ist eine Familienpause nichts, wofür Sie sich schämen müssten. Dies sollten Sie auch ganz selbstbewusst in Ihrem Lebenslauf herausstellen. Schließlich muss eine Hausfrau und Mutter täglich die vielfältigsten Aufgaben und Anforderungen bewältigen und vor allem Organisationstalent, Flexibilität und Belastbarkeit besitzen. Gerade dies sind auch im Berufsleben sehr gefragte Eigenschaften eines Bewerbers. Im späteren Bewerbungsgespräch sollten Sie dann deutlich machen, dass Sie nach Ihrer Baby-Pause beruflich besonders motiviert sind und die Kinderbetreuung für die Zeit Ihrer Berufstätigkeit gut geregelt haben.

Wie Sie dunkle Punkte im Lebenslauf verdecken

Natürlich gilt das oben Gesagte in gleicher Weise auch für meine männlichen Leser, sofern sie zu den leider immer noch wenigen rühmlichen Ausnahmen gehören, die der Berufskarriere ihrer Frau zuliebe eine Zeitlang die Familienarbeit ganz übernehmen.

Drogen- und Alkoholprobleme

Suchtkranke Menschen sind vorbelastet

Obwohl Alkohol-, Tabletten- oder andere Drogenabhängigkeiten auch in Chefetagen verbreitet sind, würden sich Ausfallzeiten wegen Entziehungs- beziehungsweise Entgiftungskuren oder Drogentherapien in Ihrem Lebenslauf für Sie geradezu fatal auswirken. Schließlich gelten suchtkranke Menschen, auch wenn sie eine Therapie hinter sich haben, nach leider weit verbreiteter Meinung grundsätzlich als labil und rückfallgefährdet. Daher argwöhnen viele Personalchefs, dass ein solcher Bewerber etliche Sicherheits- und Gesundheitsrisiken mit sich bringe und deshalb von vornherein für eine Einstellung nicht in Frage komme.

Wichtig: Handelte es sich lediglich um kurzfristige Therapiemaßnahmen während eines früheren Arbeitsverhältnisses und ist somit keine sichtbare Zeitlücke in Ihrem Lebenslauf entstanden, müssen Sie Ihren künftigen Arbeitgeber natürlich nicht unbedingt auf Ihr früheres Suchtproblem aufmerksam machen. Etwas anderes gilt nur, wenn sich hierdurch berufliche Konsequenzen ergeben haben und dies in Ihrem Zeugnis festgehalten wurde.

Auffällige Lücken im Lebenslauf schließen

Haben Sie aber aufgrund von Alkohol- oder Drogenproblemen bereits eine Stelle verloren und sind anschließend wegen einer oder mehrerer Therapien längere Zeit (etwa länger als sechs Monate) dem Berufsleben ferngeblieben, sollten Sie diese auffällige Lücke im Lebenslauf möglichst mit Tätigkeiten ausfüllen, die eine sinnvolle Ergänzung zu Ihrer bisherigen beruflichen Laufbahn darstellen.

Weiterbildung zahlt sich aus

Hierfür eignen sich speziell solche Fortbildungsseminare und Fernlehrgänge, die Sie neben Ihrer Therapie absolvieren können. Manche Therapieeinrichtungen bieten für ihre Patienten auch Ausbildungskurse (vor allem für junge Drogenabhängige) an. Allerdings dokumentieren die Zeugnisse und Bescheinigungen dieser Institutionen gleichzeitig, unter welchen Voraussetzungen Sie diese Ausbildung gemacht haben.

Achtung: Die Angabe einer solchen Ausbildungsstätte im Lebenslauf kann somit für Ihren weiteren Berufsweg unter Umständen eher nachteilig sein. Notfalls können Sie auch hier wieder behaupten, während der durch Ihre Therapie entstandenen Zeitlücke im Lebenslauf einer selbstständigen Tätigkeit nachgegangen zu sein oder schlichtweg eine Auszeit für Ihre berufliche Neuorientierung genommen zu haben. Achten Sie aber darauf, dass zumindest ein gewisser Zusammenhang zu Ihrem bisherigen beruflichen Werdegang gegeben ist, damit die Angabe glaubwürdig ist.

Die Chance für den Neubeginn wahrnehmen

Wenn Sie also nach einer erfolgreichen Therapie der Überzeugung sind, Ihre Suchtkrankheit im Griff zu haben, sollten Sie dieses dunkle Kapitel Ihres Lebensweges hinter sich lassen und frei von etwaigen Vorurteilen die Chance für einen Neubeginn wahrnehmen. Daher ist es Ihr gutes Recht, eine bezwungene Sucht zu verheimlichen, zumal Sie damit Ihrem künftigen Arbeitgeber ja keinerlei Schaden zufügen.

Wie Sie dunkle Punkte im Lebenslauf verdecken

Unterbrechungen durch Gefängnisaufenthalte

Vorurteile und Ängste herrschen vor

Stellen Sie sich vor, Sie sind zum Beispiel durch eine falsche Anschuldigung für mehrere Monate in Untersuchungshaft gekommen und haben dadurch Ihren Arbeitsplatz verloren. Glauben Sie, dass Sie – auch wenn Sie rehabilitiert wurden – mit einem Lebenslauf, aus dem diese Untersuchungshaft hervorgeht, tatsächlich noch dieselben Chancen für eine Stelle haben wie Ihre Mitbewerber, denen nicht solch ein Missgeschick geschehen ist? Wohl kaum – denn leider können sich selbst ansonsten liberal eingestellte Menschen nicht gänzlich von Vorurteilen und Ängsten freimachen, die sie – vielleicht sogar nur unbewusst – beherrschen.

Bei berechtigter Strafe fällt Integration schwer

Dies gilt erst recht in den Fällen, in denen jemand zu Recht in Untersuchungs- oder Strafhaft gewesen ist. Die wenigsten Arbeitgeber würden einem vorbestraften Bewerber eine Chance geben, sich wieder in die Arbeitswelt zu integrieren. Dabei handelt es sich gerade bei der Erwerbstätigkeit um einen wichtigen Faktor, der eine erneute Straffälligkeit häufig verhindern kann.

Frage nach Vorstrafen

Ein Arbeitgeber darf den Bewerber im Vorstellungsgespräch dann nach Vorstrafen fragen, wenn die Art der zu besetzenden Stelle dies erfordert. Dieses gilt grundsätzlich auch für Bewerber im öffentlichen Dienst. Bei der Prüfung der Eignung eines Bewerbers kann es je nach geschuldeter Tätigkeit (hier: Polizeivollzugsdienst) nach den Umständen zulässig sein, den Bewerber auch nach laufenden Ermittlungsverfahren zu fragen. Die wahrheitswidrige Beantwortung dieser Frage rechtfertigt unter den Voraussetzungen der §§ 123, 124 BGB die Anfechtung des Arbeitsvertrages wegen arglistiger Täuschung.

Urteil des Bundesarbeitsgerichts v. 20.05.1999 – Az: 2 AZR 320/98

Unterbrechungen durch Gefängnisaufenthalte

Kurze Gefängnisaufenthalte verheimlichen

Wenn es sich lediglich um Gefängnisaufenthalte von wenigen Monaten handelt (wie es in der Untersuchungshaft der Fall sein kann), sollten Sie diese in Ihrem Lebenslauf möglichst verheimlichen. Hierzu eignen sich insbesondere Fernkurse zur Weiterbildung, die Sie gut als Lückenfüller angeben können.

Wichtig: Grundsätzlich wäre es in diesem Fall für Sie sogar günstiger, in den Lebenslauf zu schreiben, dass Sie während dieser Zeit arbeitslos gewesen seien, als im Gefängnis. Notfalls könnten Sie natürlich auch behaupten, während der fraglichen Zeit einer selbstständigen Tätigkeit nachgegangen zu sein. Dies müsste allerdings in etwa zu Ihrem bisherigen beruflichen Werdegang passen. Wenn Sie Familie mit Kindern haben, könnten Sie außerdem angeben, Sie hätten sich während dieser Zeit der Kinderbetreuung widmen müssen, weil Ihr Partner aus beruflichen oder gesundheitlichen Gründen verhindert gewesen sei.

Bei mehrjähriger Haftstrafe wird es schwierig

Sollten Sie aber eine mehrjährige Haft hinter sich haben, sind solche kleinen Schummeleien kaum noch möglich. Allenfalls könnten Sie einen längeren Auslandsaufenthalt angeben, während dem Sie nur selbstständige Tätigkeiten ausgeübt haben, für die es somit keinerlei schriftliche Bescheinigungen gibt. Dann müssten Sie sich aber sehr sorgfältig auf das Vorstellungsgespräch vorbereiten, damit Ihre Geschichte wirklich in sich stimmig ist.

Achtung: Das Ganze fliegt allerdings in den Fällen auf, in denen Sie ein polizeiliches Führungszeugnis vorlegen müssen. Dort sind in der Regel sämtliche Vorstrafen aufgeführt.

Wie Sie dunkle Punkte im Lebenslauf verdecken

Ehrlichkeit und Selbstbewusstsein demonstrieren

Ansonsten bleibt Ihnen nichts anderes übrig, als sich gleich in Ihrem Bewerbungsschreiben zu offenbaren. Dabei sollten Sie gleichzeitig Ihre Hoffnung zum Ausdruck bringen, dass Ihre Bewerbung nicht sofort aufgrund allgemeiner Vorurteile gegenüber Vorbestraften ausgesondert werde. Schließlich haben Sie für das, was Ihnen vormals zur Last gelegt wurde, gebüßt, sodass Ihnen jetzt zumindest eine Chance für einen Neuanfang gewährt werden sollte. Vielleicht können Sie einen aufgeschlossenen Personalchef gerade mit dieser Ehrlichkeit und Ihrem wieder gefundenen Selbstbewusstsein beeindrucken, sodass er Sie zumindest zu einem persönlichen Vorstellungsgespräch einlädt.

Schwere und chronische Krankheiten

Selbst schwerste Erkrankungen sind „Privatsache"

Wenn Sie zum Beispiel nach einem schweren Unfall, einer Operation oder Krankheit mehrere Monate arbeitsunfähig gewesen sind und dadurch vielleicht sogar Ihre frühere Stelle verloren haben, könnte allein diese Tatsache einen Personalchef abschrecken, Sie einzustellen. Deshalb ist es auch in diesem Fall ratsam, eine wegen gesundheitlicher Probleme entstandene Lücke im Lebenslauf möglichst vorteilhaft zu kaschieren. Schließlich gehören selbst schwerste Erkrankungen, die Sie überwunden haben, zu Ihrer Privatsphäre, die einen Arbeitgeber grundsätzlich nichts angeht.

Auch hier gibt es Offenbarungspflichten

Ausnahmen können nur in den Fällen gelten, in denen eine Krankheit Ihre Berufsausübung beeinträchtigt oder gar behindert (vgl. Seite 14) oder aber die Mitarbeiter beziehungsweise Dritte (etwa Kunden, Patienten, Lieferanten) gefährden könnte (beispielsweise

Schwere und chronische Krankheiten

ein mit Hepatitis C infizierter Chirurg). Hier würde dem betroffenen Bewerber sogar eine Offenbarungspflicht gegenüber seinem künftigen Arbeitgeber obliegen.

Chronische Krankheiten, die zu Arbeitsausfällen führen

Ähnliches gilt auch für chronische Krankheiten, sofern sie Ihre allgemeine Leistungsfähigkeit dauerhaft nicht unerheblich mindern oder in wiederkehrenden Abständen immer wieder akut werden und damit zu Arbeitsausfällen führen (zum Beispiel eine chronische Sehnenscheidenentzündung bei einer Stenotypistin).

Wann darf nach Krankheiten gefragt werden?

Vorerkrankungen, die ein Bewerber vollständig überwunden hat, braucht er im Vorstellungsgespräch überhaupt nicht zu erwähnen. Liegt eine akute Krankheit bei ihm vor, muss er eine entsprechende Frage des Arbeitgebers wahrheitsgemäß beantworten, wenn dadurch seine Tätigkeit eingeschränkt wird oder die Krankheit ansteckend ist. Eine Offenbarungspflicht besteht für den Bewerber auch, wenn schon vor Beginn des Arbeitsverhältnisses eine Arbeitsunfähigkeit (zum Beispiel durch eine Operation oder Kur) zu erwarten ist.

Urteil des Bundesarbeitsgerichts v. 07.06.1984 – Az: 2 AZR 270/83

Wenn jedoch keiner dieser Sonderfälle vorliegt, können und sollten Sie Erkrankungen möglichst verheimlichen. Dies geht natürlich nur, wenn Ihr Zeugnis Sie nicht verrät. Denn ein Arbeitgeber darf längere Fehlzeiten wegen Krankheit grundsätzlich in das Zeugnis aufnehmen.

Ein dynamisches Bild zählt

Da wir in einer äußerst leistungsorientierten Gesellschaft leben, in der vor allem aktive, dynamische und belastbare Bewerber gefragt sind, empfiehlt es sich, eine durch gesundheitliche Probleme entstandene Lücke im Lebenslauf möglichst durch solche Beschäfti-

Wie Sie dunkle Punkte im Lebenslauf verdecken

gungen auszufüllen, in denen diese Eigenschaften besonders zum Tragen kommen. Sie könnten beispielsweise angeben, während dieser Zeit eine selbstständige Tätigkeit ausgeübt zu haben, die allerdings in den Rahmen Ihrer bisherigen beruflichen Laufbahn passen sollte.

Wichtig: Für ein späteres Vorstellungsgespräch müssten Sie diesen Punkt natürlich sorgfältig vorbereiten, damit die Notlüge nicht auffliegt. Falls Sie während Ihrer Krankheit eine Umschulung oder Weiterbildung absolviert haben, können Sie Ihren krankheitsbedingten „Ausstieg" aus der Berufstätigkeit auch als Phase der beruflichen Neuorientierung beziehungsweise einer Spezialisierung „tarnen". Auf jeden Fall erspart ein geschicktes Verschweigen schwerer oder längerer Erkrankungen im Vorstellungsgespräch lästiges Nachfragen, ob denn die Gesundheit auch wirklich wiederhergestellt sei. Zweifel an Ihrer vollen Leistungsfähigkeit würden auf diese Weise gar nicht erst entstehen.

Checkliste: Ihre persönlichen „Lückenfüller"

- Lücken im Lebenslauf bis zu drei Monaten können meist übergangen werden.

- Fortbildungsmaßnahmen bringen Ihnen auf jeden Fall Pluspunkte.

- Größere Lücken als drei Monate (vor allem ab sechs Monate) sollten unbedingt durch solche Tätigkeiten ausgefüllt werden, die Ihrer beruflichen Entwicklung dienlich erscheinen (zum Beispiel Lehrgänge zur Spezialisierung, gegebenenfalls auch Umschulung oder eine höhere Qualifikation durch Erlangung eines höheren Schulabschlusses bzw. Fernstudium).

- Bietet sich keine Möglichkeit, „dunkle Punkte" durch aufwertende Tätigkeiten zu verdecken und unterliegen Sie kei-

Schwere und chronische Krankheiten

noch: Checkliste: Ihre persönlichen „Lückenfüller"

ner Offenbarungspflicht, konstruieren Sie einen glaubwürdigen Lückenfüller (beispielsweise selbstständige Tätigkeit, Auslandsaufenthalt, Familienpause). Achtung: Sie müssen im Vorstellungsgespräch mit Nachfragen rechnen! Ihre Geschichte muss deshalb absolut „wasserdicht" sein und darf auch nicht nachgeprüft werden können. Außerdem sollten Sie über ein wenig schauspielerisches Talent verfügen.

- Endeten frühere Arbeitsverhältnisse außerhalb der üblichen Kündigungsfristen, sollten hierfür möglichst betriebliche Gründe angegeben werden können. Falls dies nicht möglich ist, sollte nur ein einfaches Zeugnis mit der Bewerbung eingereicht werden.

- Wenn möglich, sollten Alkohol- oder Drogenprobleme, schwere beziehungsweise chronische Krankheiten sowie Gefängnisaufenthalte durch wahre oder erfundene Angaben berufsfördernder Tätigkeiten ausgefüllt werden. Dies ist aber nur zulässig, sofern Sie keiner Offenbarungspflicht unterliegen.

Ihr interessantes Bewerbungsschreiben

3

Ihr Bewerbungsschreiben
ist Ihre Visitenkarte 40

Zeugnisse 42

Können Referenzen nützlich sein? 46

Wie Sie telefonisch
„vorfühlen" können 47

Ihr interessantes Bewerbungsschreiben

Ihr Bewerbungsschreiben ist Ihre Visitenkarte

Das Bewerbungsschreiben ist quasi Ihre Visitenkarte, die den Leser auf Sie neugierig machen soll, damit er Sie persönlich kennenlernen möchte. Hier können und sollten Sie Ihre bisherige berufliche Entwicklung sowie Ihre weiteren Wünsche und Ziele in punkto Karriere ein wenig ausführlicher darstellen. Formulieren Sie aber trotzdem alles möglichst sachlich und knapp. Personalchefs haben schließlich in der Regel keine Zeit (und Lust), von jedem Bewerber Romane zu lesen.

Zeigen Sie „Profil"

Im Bewerbungsschreiben können Sie außerdem besondere Fähigkeiten und Qualifikationen hervorheben sowie zu solchen Punkten in Ihren Zeugnissen Stellung nehmen, die einen Bezug zu der angestrebten Stelle haben. Außerdem sollten Sie im Bewerbungsschreiben Ihr besonderes Interesse an der ausgeschriebenen Stelle deutlich machen und kurz begründen, warum gerade Sie der oder die „Richtige" sind.

Wichtig: Zwar dürfen Sie hier ruhig ein bisschen dicker auftragen und Ihre Fähigkeiten sowie bisherigen Kompetenzen höher einordnen, doch seien Sie vorsichtig, dass Sie sich für die ins Auge gefasste Stelle nicht überqualifizieren, sonst wird Ihre Bewerbung schon aus diesem Grund ausgesondert.

Betonen Sie Ihre Pluspunkte

Denken Sie daran, dass Ihr Bewerbungsschreiben gut geeignet ist, Informationen zu liefern, die im Vorstellungsgespräch vertieft werden könnten. Geben Sie deshalb im Bewerbungsschreiben nur sol-

Ihr Bewerbungsschreiben ist Ihre Visitenkarte

che Dinge von sich preis, die Sie später im Gespräch noch positiv ausweiten können.

Wenn Sie im Lebenslauf geschummelt haben, um einen „dunklen Punkt" auf Ihrem Lebensweg zu vertuschen, haben Sie im Bewerbungsschreiben die Möglichkeit, Ihre Notlüge in sich stimmig kurz darzustellen und auf diese Weise schon vorhersehbaren Fragen im Vorstellungsgespräch „den Wind aus den Segeln zu nehmen".

Das A und O des Bewerbungsschreibens besteht darin, alle für Sie sprechenden Argumente, die Sie als idealen Bewerber für die ausgeschriebene Stelle qualifizieren, in knapper Form (etwa 1$\frac{1}{2}$, höchstens 2 Seiten) zu formulieren.

Checkliste: Das „perfekte" Bewerbungsschreiben

- Wecken Sie mit dem Bewerbungsschreiben Interesse an Ihrer Person.

- Formulieren Sie flüssig und knapp Ihre Kenntnisse, Eigenschaften, Fähigkeiten und Berufserfahrungen jeweils im Hinblick auf die Stellenbeschreibung.

- Machen Sie Ihre Motivation für die Stelle deutlich.

- Nutzen Sie das Bewerbungsschreiben als Stichwortvorlage für das spätere Vorstellungsgespräch.

- Preisen Sie sich so an, dass beim Leser der Wunsch entsteht, Sie persönlich kennenzulernen.

- Hüten Sie sich vor extremen Übertreibungen bezüglich Ihrer tatsächlichen Qualifikation, besonders vor Widersprüchen zwischen Arbeitszeugnissen und Ihren Behauptungen.

Ihr interessantes Bewerbungsschreiben

Zeugnisse

Den Lebenslauf mit Zeugnissen belegen

Als Faustregel gilt: Grundsätzlich sollten Sie zu allen Stationen Ihres beruflichen Werdegangs, den Sie im Lebenslauf schildern, auch die entsprechenden Zeugnisse einreichen. Dies gilt auch für Weiterbildungs- oder Spezialisierungsmaßnahmen (zum Beispiel Sprach- oder IT-Kurse), die Sie auf eigene Initiative absolviert haben. Eine Ausnahme gilt natürlich für selbstständige Tätigkeiten, die Sie möglicherweise zwischenzeitlich ausgeübt haben.

Von Ihren Schulzeugnissen genügt stets das Abschlusszeugnis. Dasselbe gilt grundsätzlich auch für die Ausbildung. Hier interessieren in der Regel nur die Prüfungsergebnisse am Ende der Ausbildung oder Examenszeugnisse. Insgesamt dürfte das Interesse an Schul- und Ausbildungszeugnissen im Rahmen einer Bewerbung nicht so erheblich sein wie an den Zeugnissen, die Ihre bisherigen Erfolge oder Misserfolge im Berufsleben dokumentieren. Dabei ist zwischen zwei Zeugnisarten zu unterscheiden, nämlich dem einfachen und dem so genannten qualifizierten Zeugnis.

Einfaches oder qualifiziertes Zeugnis?

Sofern Sie nicht ausdrücklich um ein qualifiziertes Zeugnis bitten, ist ein Arbeitgeber rechtlich nur verpflichtet, Ihnen ein einfaches Zeugnis auszustellen. Allerdings hat sich in der Praxis mittlerweile eingebürgert, stets qualifizierte Zeugnisse zu erteilen. In einem einfachen Zeugnis sind lediglich Angaben über die Art und Dauer Ihres Arbeitsverhältnisses enthalten, nicht jedoch über Ihre Leistung und allgemeine Führung.

Wichtig: Die von Ihnen erfüllten Aufgaben und Tätigkeiten müssen aber auch in einem einfachen Zeugnis vollständig erwähnt werden. Dies gilt natürlich insbesondere für qualifizierte selbstständige Tätigkeiten.

Zeugnisse

Dagegen enthält ein qualifiziertes Zeugnis immer auch eine Beurteilung Ihrer Leistung sowie Ihres Verhaltens im Unternehmen. Daher ist es verständlich, dass einem künftigen Arbeitgeber natürlich mehr an einem qualifizierten Zeugnis gelegen ist, um sich ein genaueres Bild von einem Bewerber machen zu können.

Die Zeugnissprache kennen

Allerdings kann ein qualifiziertes Zeugnis so manche negative Aussage über einen Arbeitnehmer enthalten, ohne dass es diesem beim Lesen sofort auffallen würde. Es hat sich nämlich eine spezielle Zeugnissprache durchgesetzt, mit deren Hilfe sogar mangelhafte Leistungen oder schwere charakterliche Mängel in wohlklingenden Floskeln getarnt werden.

> **Praxis-Tipp:**
>
> Bevor Sie ein Arbeitszeugnis tatsächlich akzeptieren, sollten Sie dieses deshalb vorsichtshalber von einem mit der Zeugnissprache vertrauten Leser prüfen lassen. Hierbei können Ihnen unter anderem die Gewerkschaften oder ein auf dem Gebiet des Arbeitsrechts tätiger Rechtsanwalt weiterhelfen.

Sollten Sie sich dann im Zeugnis schlecht beurteilt fühlen, könnten Sie eine Berichtigung durch den Arbeitgeber verlangen – notfalls sogar im Wege einer Klage vor dem Arbeitsgericht. Schließlich ist ein Arbeitgeber grundsätzlich verpflichtet, das Zeugnis „wohlwollend" auszustellen, um dem Arbeitnehmer nicht den weiteren Lebensweg unnötig zu erschweren.

Achtung: Haben Sie das Zeugnis einfach ungeprüft angenommen und steht „zwischen den Zeilen" etwas Abwertendes, brauchen Sie sich nicht zu wundern, wenn Ihre Bewerbungen erfolglos bleiben.

Ihr interessantes Bewerbungsschreiben

Die Gründe für das Ausscheiden sind wichtig

Den Gründen für Ihr Ausscheiden aus einer Firma kommt im Zeugnis stets besondere Bedeutung zu. Am besten macht es sich natürlich, wenn aus dem Zeugnis hervorgeht, dass das Arbeitsverhältnis auf Ihren Wunsch beendet wurde. In diesem Fall sollte der Arbeitgeber im Zeugnis möglichst sein Bedauern (oder besser: großes Bedauern) über Ihr Ausscheiden aus der Firma zum Ausdruck bringen. Einen Rechtsanspruch auf derartige Formulierungen haben Sie aber nicht.

Schluss-Sätze im Arbeitszeugnis

Schlussformulierungen, mit denen der Arbeitgeber das Ausscheiden des Arbeitnehmers bedauert, ihm für die gute Zusammenarbeit dankt und für die Zukunft alles Gute wünscht, werden zwar vielfach verwendet, sie sind aber keine „unzulässigen" Geheimzeichen. Der Arbeitgeber ist gesetzlich nicht verpflichtet, das Arbeitszeugnis mit Formulierungen abzuschließen, in denen er dem Arbeitnehmer für die gute Zusammenarbeit dankt und ihm für die Zukunft alles Gute wünscht.

Urteil des Bundesarbeitsgerichts vom 20.02.2001 – Az.: 9 AZR 44/00

Ist Ihnen dagegen gekündigt worden, darf der Arbeitgeber den Grund dafür nicht im Zeugnis nennen, sofern dies für Ihr berufliches Fortkommen nachteilig sein könnte. Sollte das der Fall sein, können Sie eine entsprechende Berichtigung des Zeugnisses verlangen.

Den Eindruck einer fristlosen Kündigung vermeiden

Enthält ein Zeugnis allerdings keinen Grund für Ihr Ausscheiden, wird man daraus schließen, dass Sie entlassen wurden. Noch schlimmer wäre es, wenn dabei der Termin der Beendigung des Arbeitsverhältnisses nicht mit einer der üblichen Kündigungsfristen übereinstimmt. In diesem Fall liegt es auf der Hand, dass Ihnen fristlos gekündigt wurde.

In solchen Fällen sollten Sie in einem persönlichen Gespräch mit Ihrem Chef versuchen, die Aussagen im Zeugnis etwas abzumildern, um Ihren weiteren beruflichen Werdegang nicht über Gebühr zu erschweren. Vielleicht können Sie sich wenigstens auf eine Formulierung einigen, wonach Sie aus betrieblichen Gründen oder „in gegenseitigem Einvernehmen" aus der Firma ausgeschieden sind.

Zeugnisse

Allerdings müssen Sie auch in diesem Fall damit rechnen, dass Ihr künftiger Arbeitgeber mehr von Ihnen über die tatsächliche Beendigung des früheren Arbeitsverhältnisses wissen möchte.

Wann ein qualifiziertes Zeugnis wichtig ist

Was die vorzeitige Beendigung des Arbeitsverhältnisses durch fristlose Kündigung anbelangt, können Sie Ihren alten Arbeitgeber nur darum bitten, Ihnen bis zum Ende der ordentlichen Kündigungsfrist unbezahlten Urlaub zu gewähren. Der Arbeitgeber ist aber keineswegs verpflichtet, Ihrer Bitte nachzukommen (vergleiche Seite 23).

Achtung: Wenn Sie aufgrund eines gespannten Verhältnisses zu Ihrem Arbeitgeber von vornherein mit einem nicht so guten Arbeitszeugnis rechnen müssen, kann es unter Umständen klüger sein, lediglich ein einfaches Zeugnis zu verlangen. Nur wenn Sie bei einem Arbeitgeber längere Zeit, also mindestens drei Jahre, beschäftigt waren, sollten Sie unbedingt ein qualifiziertes Zeugnis verlangen. Ein einfaches Zeugnis würde in diesem Fall nämlich sofort zu Vermutungen Anlass geben, dass Sie Ihrem früheren Arbeitgeber einen schwerwiegenden Kündigungsgrund geliefert haben.

Wichtig: Achten Sie darauf, dass in einem Arbeitszeugnis grundsätzlich keine Angaben über Ihren Gesundheitszustand enthalten sein dürfen. Eine Ausnahme gilt höchstens dann, wenn aufgrund Ihrer gesundheitlichen Probleme das Arbeitsverhältnis beeinträchtigt wurde. Anderenfalls könnten Sie auch hier wieder eine Zeugnisberichtigung fordern und gegebenenfalls im Rechtswege durchsetzen.

> **Praxis-Tipp:**
>
> Sollten Sie sich in ungekündigter Stellung befinden, sich aber beruflich verbessern wollen, können Sie Ihren derzeitigen Arbeitgeber auch um ein Zwischenzeugnis bitten. Dasselbe gilt, wenn in Ihrer Firma ein Vorgesetztenwechsel stattgefunden hat. Auch dann kann es für Sie günstiger sein, ein Zwischenzeugnis zu erhalten.

Ihr interessantes Bewerbungsschreiben

Dies ist insbesondere dann wichtig, wenn Sie schon lange mit dem alten Chef zusammengearbeitet haben und er deshalb Ihre Leistungen besser beurteilen kann.

Checkliste: Welche Zeugnisse müssen sein?

- Aus der Schul- und Ausbildungszeit sind lediglich Abschlusszeugnisse einzureichen.

- Zu allen beruflichen Stationen, die Sie in Ihrem Lebenslauf angeben, sollten Sie die dazugehörigen Zeugnisse vorlegen. Achten Sie dabei unbedingt auf Vollständigkeit.

- Vergessen Sie nicht, sich auch für Fortbildungskurse stets Zeugnisse ausstellen zu lassen. Falls Sie in einem solchen Kurs nicht so gut abschneiden sollten, ist es besser, sich nur die Teilnahme bestätigen zu lassen.

- Nach längerer Beschäftigungsdauer (ab circa drei Jahren) sollten Sie – falls in dem Unternehmen nicht sowieso üblich – stets ein qualifiziertes Zeugnis verlangen.

- Falls Sie im Bösen aus einer Firma ausscheiden, kann es unter Umständen günstiger sein, nur um ein einfaches Zeugnis zu bitten.

- Wenn Sie sich aus einer ungekündigten Stellung heraus bewerben wollen, haben Sie Anspruch auf ein Zwischenzeugnis.

Können Referenzen nützlich sein?

Dieses persönliche Zeugnis kann Gewicht haben

Unter einer Referenz wird im Allgemeinen die schriftliche Beurteilung einer kompetenten Person, die Sie gut kennt, verstanden. Es handelt sich somit eigentlich um ein wohlwollendes persönliches

Zeugnis, das mit einer Empfehlung einhergeht. Der Referenzgeber selbst sollte in Fachkreisen als kompetent und integer gelten. Es kann sich hierbei um einen Vorgesetzten, einen Geschäftspartner oder Kollegen handeln.

Wichtig: In manchen Branchen ist es auch üblich, telefonisch Referenzen einzuholen. In diesem Fall können Sie Ihre Referenzgeber angeben, damit Ihr künftiger Arbeitgeber sich mit ihnen in Verbindung setzen kann, um die gewünschten Informationen über Sie einzuholen.

Ansonsten werden Referenzen nur dann mit der Bewerbung eingereicht, wenn dies ausdrücklich gewünscht wird. Dann allerdings können sie unter Umständen mehr Gewicht haben als ein Arbeitszeugnis.

Wie Sie telefonisch „vorfühlen" können

Mit „Charme" wichtige Gesprächspartner ausfindig machen

Auch wenn in einer Stellenanzeige nicht ausdrücklich ein telefonischer Ansprechpartner für weitere Informationen genannt wurde, kann es durchaus nützlich sein, sich schon vor Einreichung der schriftlichen Bewerbung telefonisch „ins Spiel zu bringen". Je nach Art des Unternehmens kann es jedoch mehr oder weniger schwierig sein, auf diesem Weg an die für die Bewerberauswahl kompetente Person heranzukommen. Deshalb sollten Sie bereits im Umgang mit Sekretärinnen oder Vorzimmerdamen sämtliche Register Ihres Charmes ziehen, damit Sie zum richtigen Ansprechpartner „durchgestellt" werden.

Wichtig: Übrigens ist der Einfluss mancher Sekretärinnen auf ihren Chef grundsätzlich nicht zu unterschätzen. Haben Sie ihre Sympathien gewonnen, so wird sich dies garantiert in der Art und Weise widerspiegeln, wie Sie beim Chef angekündigt werden.

Ihr interessantes Bewerbungsschreiben

Einen günstigen Termin herausfinden

Suchen Sie sich für Ihren Anruf einen zeitlich günstigen Termin aus, also nicht gerade in der Mittagszeit oder kurz vor Dienstschluss. Erfahrungsgemäß lassen sich solche Anrufe gut am frühen Nachmittag (am besten gleich nach der Mittagspause) führen. Fragen Sie zuerst, ob Ihr Anruf nicht etwa ungelegen kommt. Sollte Ihr Gesprächspartner diese Frage bejahen, vereinbaren Sie möglichst gleich einen konkreten Termin, an dem Sie wieder anrufen dürfen.

Exzellent vorbereitet in das Gespräch

Ein solches telefonisches Vorgespräch muss von Ihnen natürlich exzellent vorbereitet werden. Dazu gehört, dass Sie sich zumindest über das Tätigkeitsfeld und den internen Aufbau des Unternehmens informiert haben. Da größere Betriebe oft eine eigene Abteilung für Öffentlichkeitsarbeit besitzen, können Sie dort vorab entsprechendes Werbe- und Informationsmaterial anfordern. Eine gute Informationsquelle bieten auch die so genannten „Hoppenstedt"-Handbücher (Handbuch deutscher Großunternehmen, Handbuch mittelständischer Betriebe), die Sie in öffentlichen Büchereien und Wirtschaftsarchiven finden. Natürlich können Sie auch im Internet recherchieren. Die meisten Betriebe sind dort inzwischen mit eigenen Homepages vertreten.

> **Praxis-Tipp:**
>
> Machen Sie sich am besten auch eine kleine Skizze, wie das Gespräch Ihrerseits inhaltlich aufgebaut werden soll. Anderenfalls könnten Sie nämlich vor Aufregung wichtige Punkte einfach vergessen.

Stellen Sie Ihr Anliegen grundsätzlich in knappen Sätzen vor und vermeiden Sie jede Abschweifung (auch wenn Sie so manches Stichwort dazu verführen mag).

Wie Sie telefonisch „vorfühlen" können

Zeigen Sie Interesse

In einem telefonischen Vorgespräch sollten Sie zwar Ihr besonderes Interesse an dem Unternehmen bekunden, aber auf keinen Fall den Eindruck erwecken, dass Sie auf diese Stelle unbedingt angewiesen sind. Erklären Sie kurz, was Sie aufgrund der Stellenbeschreibung vor allem an dieser Tätigkeit reizen würde, und beweisen Sie durch gezieltes Nachfragen Motivation und Sachverstand. Versuchen Sie im Verlauf des Gesprächs in Erfahrung zu bringen, welche besonderen Erwartungen, die aus der Stellenbeschreibung nicht hervorgehen, an den künftigen Stelleninhaber geknüpft werden.

Wichtig: Greifen Sie dabei möglichst einige zentrale Wunschvorstellungen Ihres Gesprächspartners auf und lassen Sie durchblicken, dass die eine oder andere Fähigkeit oder Eigenschaft gerade Ihrer Persönlichkeit besonders entspreche. Hier ist sicherlich ein wenig schauspielerisches Talent vonnöten, damit Ihre Reaktionen auch spontan wirken. Außerdem müssen Sie die Fähigkeit besitzen, sich schnell auf Ihr Gegenüber einstellen zu können.

> **Praxis-Tipp:**
> Üben Sie eine solche Gesprächssituation ruhig einmal mit einem guten Freund in Form eines Rollenspiels. Sie werden dann bestimmt sicherer und routinierter zum Telefonhörer greifen.

Wenn bei diesem ersten Vorgespräch der Sympathiefunke auf Ihren Gesprächspartner oder gar auf den künftigen Chef übergesprungen sein sollte, können Sie sicher sein, bei ihm schon einen „dicken Stein im Brett" zu haben. Da ihm nun bereits Ihr Name und Ihre Stimme vertraut sind, wird er Ihre schriftliche Bewerbung bestimmt mit größerem Interesse lesen, als wenn Sie nur einer der vielen anonymen Bewerber wären.

Ihr interessantes Bewerbungsschreiben

Checkliste: Das optimale Telefongespräch

- Bereiten Sie sich für das Telefongespräch inhaltlich sorgfältig vor.
- Machen Sie sich für den Gesprächsablauf eine Skizze und notieren Sie sämtliche Punkte, die Sie ansprechen möchten.
- Wählen Sie einen günstigen Termin für Ihren Anruf.
- Seien Sie geschickt im Umgang mit Sekretärinnen und Vorzimmerdamen.
- Fragen Sie Ihren Gesprächspartner, ob Ihr Anruf nicht gerade ungelegen kommt. Wenn ja, vereinbaren Sie möglichst gleich einen konkreten Termin für Ihren nächsten Anruf.
- Zeigen Sie Interesse nicht nur an der Stelle, sondern am gesamten Unternehmen.
- Checken Sie ab, welche Erwartungen an den künftigen Stelleninhaber geknüpft werden.
- Lassen Sie durchblicken, dass Sie diese Erwartungen erfüllen können.
- Reichen Sie Ihre Bewerbungsunterlagen möglichst bald nach dem telefonischen Vorgespräch ein, damit Ihr Name nicht wieder in Vergessenheit gerät.

Das perfekte Vorstellungsgespräch 4

Der erste Eindruck ist der wichtigste ... 52

Gute Vorbereitung gibt Sicherheit 53

Wie Sie richtig auftreten 56

Das perfekte Vorstellungsgespräch

Der erste Eindruck ist der wichtigste

Werden Sie zum Vorstellungsgespräch eingeladen, haben Sie die erste Hürde des Bewerbungsverfahrens schon genommen. Sie wurden damit bereits in die engere Wahl gezogen. Der künftige Arbeitgeber möchte sich nun ein Bild von Ihrer Persönlichkeit machen und prüfen, ob Sie in die Firma passen.

80 Prozent ist Persönlichkeit

Da die Entscheidung, ob Sie die Stelle bekommen, etwa zu 80 Prozent von der positiven Einschätzung Ihrer Persönlichkeit abhängt, kommt es im Vorstellungsgespräch vor allem auf Ihr Auftreten und auf Ihre Selbstdarstellung an. Weil Sie in der Regel nicht zu mehreren Vorstellungsgesprächen eingeladen werden (Ausnahmen gelten nur, wenn es praktisch zu einem „Stechen" zwischen mehreren Bewerbern kommt), müssen Sie alles daransetzen, beim ersten Zusammentreffen mit Ihrem künftigen Chef (oder dem Personalchef) den besten Eindruck zu hinterlassen. Der „erste Eindruck" und damit bereits die ersten Minuten des Vorstellungsgesprächs sind in der Regel dafür entscheidend, ob Ihr Gegenüber Sie sympathisch findet oder ablehnt. Damit Sie trotz – verständlicher – Nervosität nicht zu verkrampft ins Vorstellungsgespräch gehen, sollten Sie möglichst die nachfolgenden Tipps für die Vorbereitung und Ihr richtiges Auftreten befolgen.

> **Checkliste: Der erste Eindruck**
>
> - Im Vorstellungsgespräch will sich der künftige Arbeitgeber ein Bild von der Persönlichkeit des Bewerbers machen und prüfen, ob er in die Firma passt.
>
> - Versuchen Sie, gleich in den ersten Minuten des Gesprächs die Sympathie des künftigen Chefs beziehungsweise Personalchefs zu gewinnen.

Gute Vorbereitung gibt Sicherheit

Gründliche Information über das Unternehmen

An erster Stelle steht natürlich die inhaltliche Vorbereitung auf das Vorstellungsgespräch. Hierzu sollten Sie zunächst noch einmal Ihr Bewerbungsschreiben sowie Ihren Lebenslauf gründlich verinnerlichen. Darüber hinaus sollten Sie sich rechtzeitig vor dem Vorstellungsgespräch über das Tätigkeitsfeld und den internen Aufbau des Unternehmens, bei dem Sie sich beworben haben, eingehend informieren. Größere Betriebe haben meist eine eigene Abteilung für Öffentlichkeitsarbeit, die Ihnen Werbe- und Informationsmaterial zuschicken kann. Eine gute Informationsquelle bieten außerdem die so genannten „Hoppenstedt"-Handbücher (siehe Seite 48). Vielleicht ist ja sogar jemand aus Ihrem Bekanntenkreis zufällig in dieser Firma beschäftigt oder hat dort früher einmal gearbeitet. Auf diese Weise könnten Sie vor allem interessante Insider-Kenntnisse erlangen.

Recherche in verschiedenen Quellen

Wenn es sich um ein wirklich großes Wirtschaftsunternehmen handelt, sollten Sie nicht versäumen, regelmäßig die Presse (vor allem die Wirtschaftsseite) zu verfolgen, um aktuell informiert zu sein. Gut lässt sich auch in den Archiven von Wirtschaftsverlagen und -instituten recherchieren. Mit Sicherheit werden Sie dort über größere Unternehmen eine Menge Pressematerial einsehen oder auch fotokopieren können.

Wichtig: Eine Fundgrube für Informationen stellt auch der jährliche Geschäftsbericht der Unternehmen dar, den Sie ebenfalls in der Abteilung für Öffentlichkeitsarbeit anfordern können. Neben allerlei Zahlenkolonnen enthalten solche Berichte in der Regel auch viele Informationen über die Firmenphilosophie. Natürlich können Sie

Das perfekte Vorstellungsgespräch

sich hierüber auch auf der unternehmenseigenen Homepage informieren, sofern die Firma über eine solche verfügt. Nicht zuletzt sollten Sie auch auf Fachzeitschriften zurückgreifen, in denen häufig über den aktuellen Entwicklungsstand namhafter Firmen berichtet wird. Darüber hinaus sind Fachzeitschriften auch für Ihre eigene Fortbildung von Nutzen. Dies gilt besonders, wenn Sie einige Zeit arbeitslos gewesen sind oder aus anderen Gründen Ihren Beruf nicht ausüben konnten.

Schauen Sie „über den Tellerrand"

Beobachten Sie auch die internationale Entwicklung in dem jeweiligen Unternehmensbereich. Dann können Sie mit geschickten Einwürfen während des Vorstellungsgesprächs beeindrucken. Mit alldem können Sie im Vorstellungsgespräch Ihr besonderes Interesse an dem jeweiligen Unternehmen demonstrieren. Außerdem sind Sie aufgrund einer derart umfassenden Information eher in der Lage, selbst fundierte Fragen zu stellen, um Kompetenz und Motivation zu zeigen. Besonders gut würde sich hier noch ein passender Auslandsaufenthalt machen. Dies könnte eine gewisse Auslandserfahrung suggerieren.

Berufserfahrung auf das Anforderungsprofil zusammenstellen

Zur inhaltlichen Vorbereitung gehört aber auch, sich darüber klar zu werden, welche Berufserfahrungen aufgrund der Stellenbeschreibung besonders erwünscht sein könnten und daher bei Ihnen auf jeden Fall vorliegen sollten. Legen Sie sich konkrete Beispiele aus Ihrer früheren Berufstätigkeit parat, von denen Sie im Gespräch berichten könnten. Überlegen Sie sich, welche eigenen Erwartungen für Ihr berufliches Fortkommen mit der ausgeschriebenen Stelle zu verwirklichen wären.

Gute Vorbereitung gibt Sicherheit

Das „Drumherum" um das Vorstellungsgespräch sollten Sie ebenfalls gut planen und organisieren. Dazu gehört unter anderem auch, dass Sie auf keinen Fall zu spät kommen dürfen.

Wichtig: Wer unpünktlich ist, gilt zugleich als unzuverlässig und erntet noch vor Beginn des Vorstellungsgesprächs Minuspunkte. Kalkulieren Sie also für den Weg zur Firma genügend Zeit ein. Fahren Sie die Strecke gegebenenfalls vorher schon einmal ab und machen Sie möglichst auch Parkmöglichkeiten ausfindig. Falls Sie öffentliche Verkehrsmittel benutzen, informieren Sie sich rechtzeitig über die in Frage kommenden Verbindungen und Fahrzeiten.

Ein „entspannter Auftritt"

Sorgen Sie auf jeden Fall dafür, dass Sie nicht völlig gestresst und abgespannt zu dem Termin erscheinen (am Abend zuvor also rechtzeitig schlafen gehen), und nehmen Sie sich für den Tag des Vorstellungsgespräches am besten nichts weiter vor.

Wenn Sie sich in einer anderen Stadt vorstellen, sollten Sie besser mit der Bahn oder mit dem Flugzeug anreisen. Liegt der Termin für das Vorstellungsgespräch in den Vormittagsstunden, empfiehlt es sich, schon am Abend vorher zu kommen, damit Sie möglichst ausgeruht wirken.

Ob und welche Unkosten Sie dabei von der jeweiligen Firma erstattet bekommen, erfahren Sie auf Seite 116. Übrigens sollten Sie auch nicht zu früh zum Vorstellungsgespräch erscheinen, höchstens eine Viertelstunde vorher.

Das perfekte Vorstellungsgespräch

> **Checkliste: Richtig vorbereitet auf das Vorstellungsgespräch**
>
> - Verinnerlichen Sie Ihr Bewerbungsschreiben sowie Ihren Lebenslauf, damit Sie für etwaige Fragen gerüstet sind.
>
> - Informieren Sie sich so umfassend wie möglich über das Unternehmen. Wenn es sich um ein größeres Unternehmen handelt, recherchieren Sie im Internet, verfolgen Sie Presseberichte oder studieren Sie die jährlichen Geschäftsberichte der jeweiligen Firma.
>
> - Überlegen Sie sich, welche Ihrer bisherigen Berufserfahrungen für die ausgeschriebene Stelle besonders von Bedeutung sein könnten.
>
> - Bereiten Sie eigene Fragen für das Vorstellungsgespräch vor (vergleiche Seite 78).
>
> - Kommen Sie auf jeden Fall pünktlich und ausgeruht zum Vorstellungsgespräch.

Wie Sie richtig auftreten

Hier kommt es auf Ihre Gesamterscheinung beim Vorstellungsgespräch an. Dazu gehören nicht nur die richtige Kleidung, sondern natürlich auch Ihre Stimme, Ihr Ausdrucksvermögen, Ihre Gestik sowie natürlich Ihre allgemeinen Umgangsformen.

Die richtige Kleidung

Die Wahl Ihrer Kleidung richtet sich am besten nach der Art des Unternehmens, bei dem Sie sich beworben haben. Handelt es sich zum Beispiel um eine Bank oder ein Wirtschaftsunternehmen, sollten Sie entweder einen klassischen Anzug beziehungsweise die

Damen ein Kostüm oder eine Blazer-Kombination tragen. Dagegen kann es bei einer Werbeagentur ruhig etwas Modisch-Ausgefallenes sein. Auf jeden Fall sollten Sie darauf achten, dass Sie ein Kleidungsstück tragen, in dem Sie sich auch wohl fühlen. Grundsätzlich sollten Ihre Kleidung und Ihr Aussehen Ihrer Persönlichkeit, aber auch dem Image entsprechen, das Sie speziell in diesem Vorstellungsgespräch verkörpern möchten.

Die Körpersprache kontrollieren

Achten Sie auf Ihre Körpersprache, Gestik und auf Ihre Stimme. Gerade in Stress-Situationen neigen viele Menschen dazu, mit der so genannten Kopfstimme zu sprechen, die oft ein wenig gequetscht klingt. Versuchen Sie während des Gesprächs in den Bauch zu atmen und mit ruhiger, sonorer Stimme zu sprechen. Dies kann man übrigens in einer ruhigen Stunde auch gut zu Hause vor dem Spiegel üben. Wichtig ist, dass Sie Ihrem Gesprächspartner locker, aber aufrecht gegenübertreten und während des Gesprächs Blickkontakt halten. Auch beim Sitzen sollten Sie möglichst entspannt (aber nicht lässig!) wirken.

Wichtig: Kontrollieren Sie Ihre Gestik! Aus der Körpersprache eines Menschen lässt sich nämlich viel über seine innere Haltung und seine Gefühle herleiten (zum Beispiel Unsicherheit, Desinteresse, Abwehr). So wirkt jemand, der seine Arme vor dem Oberkörper verschränkt, grundsätzlich abwehrend. Diese Körperhaltung sollten Sie deshalb unbedingt vermeiden. Dagegen können Sie Ihre Hände ruhig ab und zu in das Gespräch miteinbeziehen. Dies wirkt durchaus natürlich und entspannt.

Sprache und Ausdruck

Durch Ihr sprachliches Ausdrucksvermögen sollten Sie vor allem Gewandtheit, Lebendigkeit, Entschlossenheit und Glaubwürdigkeit

Das perfekte Vorstellungsgespräch

vermitteln. Falls Sie ein eher in sich gekehrter Typ sind, der normalerweise nicht gern „große Reden schwingt", empfiehlt es sich, gegebenenfalls einen Rhetorik-Kurs (beispielsweise bei der Volkshochschule) zu absolvieren. Scheuen Sie sich auch nicht, mit guten Freunden die Gesprächssituation in Form eines Rollenspiels zu simulieren.

Charisma und Kompetenz

Ihr Äußeres, Ihre Körpersprache sowie Ihr Ausdruck sollten zusammengenommen Selbstbewusstsein und Sicherheit ausstrahlen. Sie müssen erkennen lassen, dass Sie von Ihrer Kompetenz für die angebotene Stelle überzeugt sind. Diese Einstellung wird sich dann auch auf Ihren Gesprächspartner übertragen, weil Sie Charisma ausstrahlen.

Achtung: Hüten Sie sich aber davor, arrogant oder überheblich aufzutreten. Ebenso bringen Sie sich mit fachlicher Selbstüberschätzung gleich aus dem Rennen. Auch Unfreundlichkeit oder unhöfliches Benehmen können bei Ihrem Gegenüber schlagartig eine Antipathie gegen Sie hervorrufen.

Versuchen Sie schon während dieses ersten Zusammentreffens eine Art Vertrauensverhältnis aufzubauen. Dazu sollten Sie auf Ihren Gesprächspartner eingehen und ihm das Gefühl vermitteln, gemeinsame Interessen zu verfolgen. Auf den Beruf bezogen, bedeutet dies in erster Linie, sich mit den Zielen des Unternehmens zu identifizieren und mit Engagement zum weiteren Erfolg der Firma beitragen zu wollen. Zeigen Sie auch eine gewisse Anpassungsfähigkeit, Toleranz und natürlich Kompetenz. Dann werden Sie die Sympathien schnell auf Ihrer Seite haben.

Checkliste: Das perfekte Auftreten

- Ihre Gesamterscheinung ist entscheidend.
- Wählen Sie die passende Kleidung.
- Kontrollieren Sie Ihre Körpersprache, Gestik und Stimme.
- Absolvieren Sie gegebenenfalls einen Rhetorik-Kurs.
- Versuchen Sie, Selbstbewusstsein und Sicherheit auszustrahlen.
- Unfreundlichkeit und unhöfliches Benehmen können bei Ihrem Gegenüber sofort eine Antipathie erzeugen.
- Versuchen Sie, mit Ihrem Gesprächspartner eine Art Vertrauensverhältnis aufzubauen.
- Zeigen Sie im Gespräch Kompetenz, Interesse am Unternehmen, Engagement und Leistungsmotivation.

Der Ablauf eines Vorstellungsgesprächs

5

Die einzelnen Gesprächsphasen 62

Die Aufwärmphase 65

Weshalb Sie gerade
diese Stelle wollen 66

Ihr beruflicher Werdegang 67

Wenn nach persönlichen Verhältnissen
gefragt wird 69

Wie steht's mit der Gesundheit? 74

Warum gerade Sie
für die Stelle richtig sind 77

Eigene Fragen beweisen Interesse
und Motivation 78

Gehaltsverhandlung mit
Fingerspitzengefühl 79

Einen „guten Abgang" nicht vergessen . 82

Der Ablauf eines Vorstellungsgesprächs

Die einzelnen Gesprächsphasen

Die Fragen für die Durchführung eines Vorstellungsgesprächs können je nach Alter, Geschlecht, Ausbildung und Erfahrung des Bewerbers sowie nach der Art der zu besetzenden Stelle ganz unterschiedlich sein. In der Regel können Sie aber mit folgendem Gesprächsablauf rechnen:

- Begrüßung und Einleitung des Gesprächs
- Motive für die Bewerbung und Leistungsbereitschaft
- Ausbildung und bisherige Berufserfahrung
- Persönlicher, familiärer und sozialer Hintergrund
- Gesundheitszustand
- Berufliche Kompetenz und Eignung
- Informationen über das Unternehmen
- Arbeits- und Vertragsbedingungen
- Fragen und Erwartungen des Bewerbers
- Beendigung des Gesprächs und Verabschiedung

Die Dauer des Vorstellungsgesprächs

Je qualifizierter die Stelle ist, für die Sie sich beworben haben, desto länger kann das Vorstellungsgespräch dauern. Ein guter Durchschnittswert liegt bei ein bis zwei Stunden. Das heißt jedoch nicht, dass Sie die ganze Zeit ins Kreuzverhör genommen werden. Sie können damit rechnen, dass Sie etwa 80 Prozent der Dauer des Vorstellungsgesprächs mit Zuhören verbringen werden.

Achtung: Allerdings gibt es auch „Interview-Profis", die die Bewerber nur zu gern zu langen Monologen provozieren. Zu diesem Zweck stellen sie oft sehr allgemein gehaltene Fragen oder bitten die Bewerber einfach, etwas über sich zu erzählen. Dann ist größte Vorsicht geboten! Sollten Sie sich nämlich hierdurch tatsächlich dazu verführen lassen, allein eine halbe Stunde lang Ihre gesamte Lebensgeschichte vorzutragen, dürften Sie schon verloren haben.

Motivation und Kompetenz signalisieren

Besinnen Sie sich stattdessen darauf, worauf es jedem Arbeitgeber bei einem Vorstellungsgespräch in erster Linie ankommt, nämlich auf Ihre Leistungsmotivation, Ihre Kompetenz und Anpassungsfähigkeit. Beziehen Sie deshalb jede Frage stets auf die angestrebte Stelle und die damit verbundenen Anforderungen. Halten Sie sich, was Ihre Privatsphäre anbelangt, möglichst bedeckt.

Verhalten Sie sich im Gespräch grundsätzlich defensiv, aber lassen Sie auch nicht einfach alles mit sich geschehen.

Wichtig: Der Interviewer muss zwar davon überzeugt sein, die Gesprächsführung fest im Griff zu haben, doch können Sie mit taktisch klugen Antworten den Gesprächsverlauf entscheidend beeinflussen. Je nachdem, wie gut Sie sich auf das Gespräch vorbereitet und über das Unternehmen informiert haben, wird es Ihnen gelingen, kompetente Einwürfe zu machen und auf diese Weise das Gespräch in eine von Ihnen gewünschte Richtung zu lenken oder dabei zumindest bestimmte Schwerpunkte zu setzen. Wenn Sie so erst einmal ins Fachsimpeln gekommen sind, wird kaum noch Zeit für private Fragen bleiben.

Sich nicht aus der Ruhe bringen lassen

Geben Sie sich während des Vorstellungsgesprächs möglichst gelassen und lassen Sie sich auch nicht durch unangenehme Fragen oder zynische Bemerkungen verunsichern. Dies versuchen Interviewer

Der Ablauf eines Vorstellungsgesprächs

nämlich gern bei so genannten Stress-Interviews, die vor allem mit Kandidaten für sehr hoch qualifizierte Positionen durchgeführt werden. Hier wird in der Regel versucht, die Bewerber mit peinlichen oder herabwürdigenden Äußerungen bis hin zur Beleidigung aus der Fassung zu bringen. Auf diese Weise will man in erster Linie ihre Belastbarkeit testen. Aber auch im „normalen" Vorstellungsgespräch müssen Sie manchmal mit unangenehmen oder zweideutigen Fragen rechnen, wie zum Beispiel: „Meinen Sie nicht, dass Sie für diese Stelle zu wenig Berufserfahrung besitzen?" In solch einer Situation sollten Sie stets ruhig und sachlich reagieren. Schließlich kommt es nur auf Ihre Gegenargumente an. Deshalb empfiehlt es sich, schon vor dem Vorstellungsgespräch eine Liste mit solchen Fragen zusammenzustellen, die Sie möglicherweise in Verlegenheit bringen könnten. Wenn Sie sich hierzu in aller Ruhe überzeugende Antworten zurechtlegen, dürften Sie für den Ernstfall gewappnet sein.

Beantworten Sie die Fragen grundsätzlich relativ knapp. Grenzen Sie sich höflich, aber bestimmt ab, sobald der Interviewer intime Fragen stellt.

> **Praxis-Tipp:**
>
> Zeigen Sie, dass Sie nur bereit sind, über solche Dinge zu reden, die im Rahmen eines Vorstellungsgesprächs üblich und für Ihre fachliche Beurteilung von Bedeutung sind. Werden Sie dabei aber nicht aggressiv. Beweisen Sie möglichst in jeder Situation Souveränität.

Nachfolgend erfahren Sie, wie Sie in den wichtigsten Phasen des Vorstellungsgesprächs am geschicktesten taktieren.

Die Aufwärmphase

Mit Freundlichkeit punkten

Hier geht es vor allem um den ersten Eindruck, den ein Bewerber vermittelt. Achten Sie deshalb besonders auf Ihr Auftreten und auf Ihre Umgangsformen. Dies fängt schon beim persönlichen Vorstellen an. Nennen Sie Ihren Namen deutlich und blicken Sie Ihrem Gesprächspartner dabei freundlich ins Gesicht. Merken Sie sich natürlich auch seinen Namen, damit Sie ihn während des Gesprächs gelegentlich namentlich ansprechen können. Ihr Händedruck sollte weder zu kräftig noch zu locker sein. Während des Gesprächs sollten Sie sich möglichst aufmerksam, höflich und selbstbewusst geben.

Smalltalk entspannt

In der „Aufwärmphase" soll mit einigen netten Worten und ein wenig Smalltalk die Atmosphäre entkrampft werden. Deshalb sollten Sie auch belanglose Fragen, wie zum Beispiel über das Wetter oder Ihre Anreise, höflich, aber kurz beantworten. Es kann allerdings auch vorkommen, dass Sie gleich zu Beginn des Gesprächs gefragt werden, was Sie bereits von dem Unternehmen oder speziell vom Produktionsprogramm wissen. Da hiermit in der Regel auch Ihr Interesse für allgemeine wirtschaftliche Vorgänge getestet werden soll, ist es ratsam, sich nicht nur über die Firma selbst, sondern auch über den dazugehörigen Wirtschaftszweig eingehend zu informieren. Wie Sie sich darauf am besten vorbereiten können, ist auf den Seiten 48 und 53 beschrieben.

Wichtig: Falls Ihnen zu Beginn des Gesprächs ein Getränk angeboten wird, sollten Sie Alkohol grundsätzlich ablehnen. Wählen Sie – sofern es keine Umstände bereitet – stattdessen einen Kaffee, Tee oder ein Wasser. Sind Sie Raucher, dann sollten Sie nur zur Zigarette greifen, wenn Ihr Gesprächspartner ebenfalls raucht.

Der Ablauf eines Vorstellungsgesprächs

Weshalb Sie gerade diese Stelle wollen

Identifikation und Engagement

In dieser Phase des Gesprächs kommt es darauf an, dass Sie Ihr spezielles Interesse und Ihre Motivation im Hinblick auf die ausgeschriebene Stelle überzeugend darstellen. Hierbei handelt es sich aus Sicht des Arbeitgebers um eines der wichtigsten Kriterien bei der Auswahl des Bewerbers. Schließlich wünscht sich jedes Unternehmen engagierte Mitarbeiter. Dazu gehört auch, dass Sie sich mit der Firma und Ihrer Arbeit identifizieren. Das heißt, Sie müssen Ihrem Gesprächspartner den Eindruck vermitteln, dass die Stelle Ihr absoluter Traumjob ist. Lassen Sie dabei anklingen, dass Sie sich intensiv über das Tätigkeitsfeld des Unternehmens informiert haben und dass Sie voll hinter der Firmenphilosophie stehen. Machen Sie deutlich, dass Sie hierin eine Möglichkeit sehen, sich beruflich weiterzuentwickeln und die mit der Stelle verbundenen Aufgaben gleichzeitig auch als eine Art Herausforderung ansehen.

Achtung: Passen Sie aber auf, dass Sie bei der Darstellung Ihrer Motivation und Ihres Interesses für die Firma nicht zu dick auftragen, denn Übereifer und „Zumundereden" wirken leicht unglaubwürdig. Zeigen Sie sich leistungsbereit, dynamisch, aber auch flexibel und anpassungsfähig. Dies gilt insbesondere, wenn es sich um eine Stelle handelt, bei der Teamarbeit von Ihnen erwartet wird.

> **Praxis-Tipp:**
>
> Die Frage, ob Sie sich auch noch anderswo beworben haben, sollten Sie auf jeden Fall verneinen. Anderenfalls könnte Ihr Gesprächspartner annehmen, dass es Ihnen mit Ihrer Bewerbung bei diesem Unternehmen doch nicht so ernst sei. Erst recht sollten Sie nichts über bisherige Absagen in anderen Bewerbungsverfahren verlauten lassen.

Ihr beruflicher Werdegang

Der Wechsel in der Ausbildung

Am günstigsten wäre es natürlich für Sie, wenn Ihr bisheriger Berufsweg, angefangen von der Ausbildung bis zu Ihrer letzten Arbeitsstelle, ganz kontinuierlich und in sich stimmig verlaufen wäre. Leider ist dies aber nur selten der Fall. Oftmals wird zunächst eine Ausbildung oder ein Studium begonnen und schon nach kurzer Zeit wieder abgebrochen, weil etwa die Ausbildungs- beziehungsweise Studienbedingungen schlecht waren oder weil man sich plötzlich für etwas anderes interessierte. Dies ist – vor allem in jungen Jahren – nur zu verständlich, weil man erst noch einiges ausprobieren und verschiedene Erfahrungen sammeln möchte. Personalchefs können aber einen Wechsel in der Ausbildung ganz anders bewerten, nämlich als Zeichen mangelnder Zielstrebigkeit oder als Wankelmut.

Wie Sie ihn am besten darstellen

Deshalb sollten Sie, sofern es sich nicht um völlig gegensätzliche Ausbildungs- oder Studiengänge handelt, erklären, Sie hätten diese Kombination bewusst so gewählt, weil Sie darin eine sinnvolle Ergänzung gesehen haben. Andernfalls sollten Sie Ihre „Jugendsünde" zwar eingestehen, aber gleichzeitig hervorheben, dass Sie auch von Ihrer abgebrochenen Ausbildung in gewisser Weise profitiert haben, weil Sie dadurch bestimmte Fertigkeiten oder Kenntnisse erlangt haben, die auch in Ihrem späteren Beruf nützlich waren.

Nur die Erfolge zählen

Wenn Sie über Ihre bisherigen Arbeitsstellen berichten, sollten Sie Ihre Erfolge ruhig hervorheben. Dies gilt besonders für Teamleistun-

Der Ablauf eines Vorstellungsgesprächs

gen. Aber übertreiben Sie nicht! Dagegen sollten Sie Misserfolge und Rückschläge in Ihrem beruflichen Werdegang besser für sich behalten.

Kritische Fragen souverän beantworten

Häufig werden Bewerber gebeten, die Tätigkeiten an ihrem letzten Arbeitsplatz näher zu beschreiben, vor allem, was ihnen dabei besonders gut beziehungsweise weniger gut gefallen hat. Diese Frage sollten Sie von ihrer Zielrichtung her nicht unterschätzen! Ihr Gesprächspartner will auf diese Weise nämlich in erster Linie etwaige berufliche Schwachstellen bei Ihnen aufdecken. Achten Sie deshalb darauf, dass Sie die Tätigkeiten, die auch bei der neuen Stelle gefragt sein werden, bereits bei Ihrer früheren Arbeitsstelle gern ausgeübt haben. Dagegen brauchen Ihnen für die in Aussicht stehende Stelle irrelevante Bereiche nicht so viel Spaß gemacht haben.

Achtung: Behaupten Sie aber nie, dass Ihnen alle Arbeiten an Ihrem früheren Arbeitsplatz gefallen haben. Dies wäre äußerst unrealistisch und würde Ihnen bestimmt nicht abgenommen. Außerdem hätten Sie dann wohl kaum einen Grund gehabt, sich beruflich zu verändern.

Möglicherweise wird man Sie auch fragen, ob Sie sich den beruflichen Anforderungen der ausgeschriebenen Stelle gewachsen fühlen. Hier gilt es zunächst, ein gesundes Selbstbewusstsein an den Tag zu legen. Schließlich hätten Sie sich nicht um die Stelle beworben, wenn Sie fachlich nicht kompetent wären. Hierbei können Sie auch durchblicken lassen, dass Sie im Hinblick auf eine solche Position spezielle Fortbildungsmaßnahmen absolviert haben. Damit machen Sie gleichzeitig deutlich, dass Sie sich nicht rein zufällig um die Stelle beworben haben, sondern Ihre Lebensplanung, zu der ja die berufliche Entwicklung gehört, gezielt verfolgen.

Wichtig: Sofern Sie einen „dunklen Punkt" in Ihrem Lebenslauf weggelassen oder verdeckt haben, sollten Sie sich auf etwaige Nachfragen besonders gut vorbereiten. Dies gilt natürlich vor allem dann, wenn Sie sich einer Notlüge bedient haben sollten, also beispielsweise eine längere Arbeitsunfähigkeit aufgrund von Krankheit als selbstständige Tätigkeit kaschiert haben. Ein erfundener Teil Ihrer Lebensgeschichte muss auf jeden Fall in sich stimmig und plausibel sein. Selbstverständlich darf er auch nicht in irgendeiner Weise nachprüfbar und somit als Lüge aufzudecken sein.

Wenn nach persönlichen Verhältnissen gefragt wird

Zurückhaltende Äußerungen machen

Vorab ist festzustellen, dass Ihre persönlichen Verhältnisse grundsätzlich Ihre Privatangelegenheit sind und Ihren künftigen Arbeitgeber nichts angehen. Natürlich hat jeder Arbeitgeber aber ein besonderes Interesse an dem persönlichen, familiären und sozialen Hintergrund eines Bewerbers, weil er hieraus unter Umständen Rückschlüsse auf dessen Persönlichkeit und Charakter ziehen kann. Seien Sie deshalb besonders vorsichtig bei dem, was Sie von Ihrer Privatsphäre im Vorstellungsgespräch preisgeben. Lassen Sie sich auch nicht durch den lockeren Ton Ihres Gesprächspartners dazu verführen, sorglos über sich und Ihre Familie „draufloszuplappern".

Mit Diplomatie Pluspunkte sammeln

Unproblematisch sind in der Regel so genannte „Telefonbuch-Daten", also solche Informationen über Sie, die für Dritte ohne große Schwierigkeiten zugänglich sind. Dazu gehören unter anderem der Name, das Geschlecht, die Anschrift, die Bankverbindung und dergleichen. Bei der Frage nach dem Familienstand sollten Sie schon ein wenig Diplomatie beweisen. Ihre Antworten sollten sich

Der Ablauf eines Vorstellungsgesprächs

stets daran orientieren, welche Daten für den Arbeitgeber aus steuerrechtlichen Gründen sowie zur Personalverwaltung unbedingt erforderlich sind. Falls Sie beispielsweise von Ihrem Ehepartner getrennt leben, um sich scheiden zu lassen, können Sie ruhig noch angeben, dass Sie verheiratet sind. Etwas anderes gilt nur, wenn Sie bereits Ihre Steuerklasse haben ändern lassen. Sofern Sie ohne Trauschein mit einem Partner zusammenleben, können Sie sich getrost als ledig bezeichnen.

Wichtig: Natürlich sollten Sie bedenken, ob aufgrund der Gesprächssituation nicht eine Erläuterung Ihrer Familienverhältnisse Pluspunkte bringen könnte. Bei manchen Chefs kommt es zum Beispiel bestimmt gut an, wenn ein junger Mann von seinem kleinen Familienglück mit Frau und Kindern erzählt. Ebenso könnte es für eine allein erziehende Mutter vorteilhaft sein, wenn sie einen Lebenspartner aufweisen kann, der sich mit ihr gemeinsam um die Kinderbetreuung und die Haushaltsführung kümmert.

Familie und Beruf vereinbaren

Frauen werden in dieser Phase des Vorstellungsgesprächs gern danach gefragt, wie sich denn ihr berufliches Engagement mit ihrer häuslich-familiären Situation vereinbaren lasse. Mit Fragen dieser Art müssen keinesfalls nur verheiratete Frauen mit Kindern rechnen. Falls Sie ledig sind, könnte der Interviewer beispielsweise fragen, wie denn Ihre eventuellen Pläne für eine spätere Familiengründung aussehen, obwohl eine derartige Frage seit Einführung des Allgemeinen Gleichbehandlungsgesetzes (AGG) nicht mehr zulässig sein dürfte. Antworten Sie dann möglichst diplomatisch. Selbst wenn Sie vorhaben sollten, in einem Vierteljahr zu heiraten und dann auch bald ein Kind zu bekommen, so geht dies den künftigen Arbeitgeber nichts an. Deshalb brauchen Sie ihm Ihre privaten Zukunftspläne auch nicht auf die Nase zu binden.

Wenn nach persönlichen Verhältnissen gefragt wird

> **Praxis-Tipp:**
> Betonen Sie stattdessen, dass Sie ja schließlich eine qualifizierte Ausbildung absolviert haben und dass Ihre berufliche Karriere bei Ihren Lebenszielen ganz oben steht.

Sofern Sie bereits verheiratet sind und Kinder haben, kommen häufig solche Fragen: „Wie bewältigen Sie diese Doppelbelastung nur? Unterstützt Sie Ihr Mann denn auch bei der Betreuung der Kinder und der Haushaltsführung?" Als Ehefrau und Mutter sollten Sie dann betonen, dass Sie nach einer Familienpause jetzt wieder beruflich besonders motiviert sind. Natürlich haben Sie die Versorgung Ihrer Kinder während Ihrer beruflichen Abwesenheit bestens organisiert und außerdem wolle Ihr Ehemann Sie bei Ihrem beruflichen Engagement nach Kräften unterstützen.

Fragen nach sozialen Verhältnissen

Um Ihre sozialen Verhältnisse abzuchecken, wird man Sie möglicherweise auch nach dem Beruf Ihres Ehe- oder Lebenspartners beziehungsweise Ihrer Verwandten (zum Beispiel Eltern, Geschwister, Kinder) fragen. Aus juristischer Sicht hat ein Arbeitgeber nur in Ausnahmefällen einen Anspruch auf wahrheitsgemäße Beantwortung dieser Frage, nämlich dann, wenn der Partner oder Verwandte in demselben Unternehmen solche Funktionen wahrnimmt, von denen aus er den Bewerber in irgendeiner Weise bevorzugen könnte. Ansonsten sollten Sie diese Frage möglichst knapp und unverfänglich beantworten. Stellen Sie Ihre Familienverhältnisse stets in einem positiven Licht dar und machen Sie deutlich, dass im häuslichen Bereich alles unproblematisch verläuft.

Der Ablauf eines Vorstellungsgesprächs

Fragen nach finanziellen Verhältnissen

Fast regelmäßig werden Bewerber auch danach gefragt, ob sie in geordneten Vermögens- und Einkommensverhältnissen leben oder ob sie Schulden haben.

Wichtig: Auch diese Frage ist nur bedingt zulässig, wenn es sich um eine Stelle handelt, bei der es um die Verwaltung fremden Vermögens (zum Beispiel Kassierer) oder um die Wahrung von Geheimnissen geht. Wäre ein solcher Mitarbeiter nämlich stark überschuldet, so könnten Zweifel an seiner Unbestechlichkeit aufkommen. Andernfalls gehen Ihre Einkommensverhältnisse den Arbeitgeber wirklich nichts an. Schließlich ist Schuldenmachen nicht verboten und außerdem dürfte jeder, der sich beispielsweise ein Haus, eine Wohnung oder manchmal auch nur ein Auto gekauft hat, Schulden haben. Deshalb dürfen Sie – außer in den oben genannten Fällen – diese Frage guten Gewissens unwahr beantworten (vergleiche Seite 87).

Ihre Freizeitgestaltung

Obwohl Fragen nach Hobbys, Reisezielen oder sonstigen Freizeitaktivitäten rechtlich gesehen grundsätzlich unzulässig sind, werden sie im Vorstellungsgespräch fast immer gestellt. Antworten Sie auch hier taktisch klug.

Achtung: Es muss dabei unbedingt deutlich werden, dass Ihr Hauptinteresse zwar Ihrer beruflichen Karriere gilt, dass Sie aber in Ihrer Freizeit Entspannung suchen und auch sonst bewusst leben. Falls Sie verheiratet sind und Kinder haben, sollten Sie betonen, dass Sie es genießen, Ihre freie Zeit mit der Familie zu verbringen. Vielleicht spielen Sie ja auch ein Musikinstrument. Positiv können ebenso gemeinsame Aktivitäten mit Freunden oder in Vereinen angesehen werden. Auf diese Weise können Sie nämlich den Eindruck vermeiden, ein Eigenbrötler zu sein.

Praxis-Tipp:

Zeigen Sie auch, dass Sie kulturell interessiert sind (Ausstellungen, Kino, Theater und dergleichen). Vielleicht können Sie aber am besten bei der Lektüre eines guten Buches entspannen (Bestseller-Listen verfolgen!).

Vorteilhaft kann sich auf Ihr Persönlichkeitsbild auch eine leichte sportliche Betätigung auswirken (am besten in einer Ausdauersportart wie zum Beispiel Jogging, Schwimmen). Dagegen sollten Sie besser solche Sportarten verschweigen, die sehr zeitaufwändig sind und von Ihnen körperlich viel abverlangen (beispielsweise mehrmals wöchentliches Volleyball-Training). Dasselbe gilt für riskante Sportarten (zum Beispiel Fallschirmspringen) oder solche, die ein relativ hohes Verletzungsrisiko in sich bergen (etwa Boxen). Welche Reiseziele Sie als Ihre bevorzugten angeben, hängt in erster Linie davon ab, ob Sie Single sind oder Familie haben. Im letzteren Fall sollten vor allem kindgerechte Urlaubsorte genannt werden, also zum Beispiel in den Bergen oder an der See, wo Sie mit den Kindern entweder am Strand spielen oder gemeinsame Wanderungen unternehmen können. Als Single sollten Sie natürlich möglichst nicht erzählen, dass Sie Club-Urlaube bevorzugen. Stattdessen sollten Sie besser Reiseziele angeben, bei denen Sie Erholung mit Bildung oder kulturellen Interessen verbinden können (also zum Beispiel Städtereisen).

Unzulässige Fragen nach der Intimsphäre

Als juristisch besonders kritisch müssen Fragen nach sexuellen Veranlagungen beziehungsweise Neigungen oder bei Frauen nach Verhütung angesehen werden. Hier wird auf den ersten Blick klar, dass solche Fragen in die absolute Intimsphäre eingreifen und somit stets unzulässig sind. So hat auch das Bundesarbeitgericht entschieden, dass sexuelle Veranlagungen oder Neigungen für das Arbeitsver-

Der Ablauf eines Vorstellungsgesprächs

hältnis solange irrelevant seien, als es nicht tatsächlich zu einer Vertragsverletzung oder strafbaren Handlung gekommen sei (Urteil des Bundesarbeitsgerichts vom 23.06.1994). Deshalb dürfen Sie beispielsweise die Frage, ob Sie homosexuell sind – falls Sie sich nicht bewusst outen wollen –, durchaus unrichtig beantworten.

Wichtig: Da es sich bei Fragen, ob eine Bewerberin empfängnisverhütende Mittel anwendet oder wann ihre letzte Periode war, nicht nur um eindeutig unzulässige Fragen, sondern vor allem um eine Unverschämtheit handelt, sollten Sie sich eine derartige Befragung sehr bestimmt verbitten. Werden Sie dabei trotzdem nicht aggressiv oder ausfallend, sondern behalten Sie Ihre Fassung.

Raucher oder Nichtraucher?

Ebenfalls zur Privatsphäre muss die Frage gezählt werden, ob ein Bewerber Raucher oder Nichtraucher ist. Da Arbeitnehmer in solchen Betrieben, in denen es ein gesetzliches, behördliches oder auf einer Betriebsvereinbarung beruhendes Rauchverbot gibt, per Arbeitsvertrag zu dessen Einhaltung verpflichtet werden, besteht für den Arbeitgeber kein objektives Interesse an der Beantwortung dieser Frage im Hinblick auf die zu besetzende Stelle. Die Frage ist daher unzulässig und müsste von Ihnen nicht wahrheitsgemäß beantwortet werden.

Wie steht's mit der Gesundheit?

Falsche Angaben sind bedenklich

Die Frage nach dem Gesundheitszustand eines Bewerbers ist nach der Rechtsprechung des Bundesarbeitsgerichts grundsätzlich nur dann zulässig, wenn sie konkret auf den zu besetzenden Arbeitsplatz bezogen wird. Deshalb dürfen Sie allgemein gehaltene Fragen wie zum Beispiel „Sind Sie häufig krank?" oder „Waren Sie schon einmal ernstlich erkrankt?" stets mit einem „Nein" beantworten.

Wie steht's mit der Gesundheit?

Achtung: Werden Sie dagegen gezielt danach gefragt, ob Sie unter einer Krankheit leiden, die befürchten lässt, dass Sie die aus dem Arbeitsvertrag resultierenden Verpflichtungen dauerhaft nicht erfüllen werden können, sind Sie dazu verpflichtet, nach bestem Wissen zu antworten. Würden Sie in diesem Fall eine nachweislich falsche Antwort geben, könnte der Arbeitsvertrag später wegen arglistiger Täuschung angefochten werden.

Latente Erkrankungen

Liegt bei Ihnen nur eine latente Gesundheitsgefährdung (beispielsweise durch eine Virusinfektion) vor, sind Sie grundsätzlich weder verpflichtet, eine dahin gehende Frage im Vorstellungsgespräch wahrheitsgemäß zu beantworten, noch von sich aus darauf hinzuweisen. Dies gilt vom Grundsatz her auch für eine bestehende HIV-Infektion. Ausnahmen gelten nur für die Fälle, in denen Ihre Erkrankung für die in Aussicht genommene Arbeit von Bedeutung ist. Zu bejahen wäre dies zum Beispiel bei einer Tuberkulose-Infektion eines Kochs oder einer HIV-Infektion eines Rettungsassistenten.

Wichtig: Hier könnte auch die latente Erkrankung beziehungsweise Infektion bereits eine potenzielle Gefahr für Dritte darstellen, die es zu vermeiden gilt. Deshalb wären solche Bewerber auch von sich aus verpflichtet, ihre Krankheit im Vorstellungsgespräch zu offenbaren.

Allerdings hat der von der Bundesregierung eingesetzte Nationale Ethikrat in seiner Stellungnahme vom 16. August 2005 ausdrücklich festgestellt, dass Fragen nach vorhandenen Krankheiten mit prognostischer Relevanz (z. B. Bluthochdruck, erhöhte Blutfettwerte) nur zulässig sind, wenn diese mit überwiegender Wahrscheinlichkeit innerhalb der nächsten sechs Monate nach der Einstellung zu einer Arbeitsunfähigkeit führen.

Fragen nach der Schwerbehinderung

Ein schwerbehinderter Bewerber ist in der Regel nicht verpflichtet, von selbst auf seine Schwerbehinderten-Eigenschaft hinzuweisen.

Der Ablauf eines Vorstellungsgesprächs

Eine solche Verpflichtung wäre nur dann gegeben, wenn sich der Bewerber darüber im Klaren sein muss, dass er aufgrund seiner Behinderung die von ihm erwartete Leistung nicht oder nur erheblich vermindert erbringen wird. Nach dem neuen Allgemeinen Gleichbehandlungsgesetz (AGG), das seit dem 18. 8. 2006 in Kraft ist, darf nun auch der Arbeitgeber grundsätzlich nicht mehr nach einer etwaigen Schwerbehinderung oder Gleichstellung eines Bewerbers fragen. Eine Ausnahme könnte allenfalls dann gelten, wenn die Einsetzbarkeit des Bewerbers aufgrund seiner Behinderung in Frage steht. Nach der europäischen Gleichbehandlungsrichtlinie (2000/78/EG) darf ein Arbeitgeber deshalb nur dann nach einer Schwerbehinderung fragen, wenn ein „zwingender Zusammenhang" mit der angestrebten Tätigkeit besteht.

Wichtig: Wenn Sie Grund zur Annahme haben, im Bewerbungsverfahren unzulässig benachteiligt worden zu sein, können Sie u. U. Schadensersatzansprüche (in Höhe von bis zu sechs Monatsgehältern) geltend machen. Findet sich beispielsweise schon in der Stellenanzeige oder im Ablehnungsschreiben ein Hinweis auf eine derartige Benachteiligung (zum Beispiel wegen Ihres Alters), können Sie sich hierauf berufen. Aufgrund der geltenden Beweislastumkehr muss dann der Arbeitgeber beweisen, dass Sie im konkreten Fall nicht benachteiligt worden sind.

Vor allem jüngeren, karriereorientierten Arbeitnehmern ist grundsätzlich zu raten, eine etwaige Schwerbehinderten-Eigenschaft zu verheimlichen, um auf diese Weise ihre Chancengleichheit im Auswahlverfahren zu wahren. Zwar verzichten sie dafür gleichzeitig auf einige rechtliche Vorteile (zum Beispiel Sonderkündigungsschutz), berauben sich aber nicht selbst ihrer Einstellungschancen gegenüber ihren nichtbehinderten Mitbewerbern.

Wichtig: Angesichts der heutigen Situation auf dem Arbeitsmarkt sollte in den Fällen, in denen die Behinderung voraussichtlich keine negativen Auswirkungen auf die erwartete Arbeitsleistung haben wird, durchaus erwogen werden, ein etwaiges Risiko der späteren Anfechtung des Arbeitsvertrages in Kauf zu nehmen.

Keine Anfechtung bei offensichtlicher Behinderung

 Grundsätzlich kann zwar die falsche Beantwortung der Frage nach einer Behinderung die Anfechtung des Arbeitsvertrages wegen arglistiger Täuschung rechtfertigen. Voraussetzung hierfür ist allerdings, dass der Arbeitgeber auch tatsächlich getäuscht worden ist und von der Behinderung definitiv nicht gewusst hat. Das ist aber nicht der Fall, wenn die Behinderung offensichtlich ist.

Entscheidung des Bundesarbeitsgerichts v. 18.10.2000 – Az: 2 AZR 380/99

Warum gerade Sie für die Stelle richtig sind

Das Fachwissen auffrischen – sich optimal „verkaufen"

In dieser Phase des Vorstellungsgesprächs sollten Sie Ihre berufliche Kompetenz und Eignung unter Beweis stellen. Voraussetzung dafür ist natürlich eine umfassende Vorbereitung und Information über das Unternehmen (vergleiche Seite 53). Seien Sie darauf gefasst, dass man versuchen wird, Ihr aktuelles Fachwissen abzufragen. Sie sollten sich deshalb mit Hilfe von Fachliteratur beziehungsweise -zeitschriften oder durch den Besuch von Tagungen auf den neuesten Stand gebracht haben.

Mit Qualitäten überzeugen

Berichten Sie kurz und prägnant über Ihre letzten Tätigkeitsschwerpunkte und schildern Sie auch, auf welchen Gebieten Sie sich künftig noch intensiver betätigen beziehungsweise spezialisieren möchten. Vielleicht haben Sie sich diesbezüglich ja bereits fortgebildet? Andernfalls sollten Sie wenigstens Ihre Fortbildungsbereitschaft erkennen lassen.

Natürlich sollten Sie in dieser Phase des Gesprächs in erster Linie Eigenwerbung betreiben. Versuchen Sie möglichst knapp alle Argumente zusammenzutragen, die Sie als neuen Stelleninhaber prädestinieren. Dazu gehören nicht nur Ihre besondere Qualifikation und Berufserfahrung, sondern auch Eigenschaften wie Zielstrebigkeit, Kreativität, Leistungsbereitschaft beziehungsweise -orientiertheit, Teamfähigkeit, Organisationstalent, aber auch Eigeninitiative sowie Durchsetzungsvermögen.

Der Ablauf eines Vorstellungsgesprächs

Zeigen Sie Kreativität und unternehmerisches Denken

Tragen Sie ruhig einige Ideen vor, die Sie gern in das Unternehmen einbringen würden (zum Beispiel in den Bereichen Sortimentsgestaltung, Warenbeschaffung, Verkaufsförderung, Akquisition). Lassen Sie dabei erkennen, dass Sie unternehmerisch und auch in internationalen Dimensionen denken können. Wichtig ist aber auch, dass Sie sich als ein guter Zuhörer zeigen und Ihre Meinung fundiert und überzeugend vertreten. Wenn Sie sich in diesem Sinne „verkaufen", werden Sie bestimmt Eindruck machen.

Eigene Fragen beweisen Interesse und Motivation

Firmeninterne Strukturen erfragen

Wenn Ihnen im Laufe des Interviews schließlich die Möglichkeit eröffnet wird, nun selbst Fragen zu stellen, handelt es sich dabei nicht etwa um eine Höflichkeitsgeste Ihres Gesprächspartners, sondern wiederum um eine Prüfung Ihres Fachwissens und Ihres Engagements. Stellen Sie jetzt aber nicht solche Fragen, die Sie in vorangegangenen Gesprächsphasen (zum Beispiel im Rahmen der Selbstdarstellung des Unternehmens) themenbezogen hätten stellen können. Stattdessen sollten Sie sich besser mit dem firmeninternen Aufbau befassen. Fragen Sie also beispielsweise, welchen Stellenwert die zu besetzende Position in der Firmenhierarchie einnimmt und welche organisatorischen Kompetenzen Ihnen obliegen würden. Hierzu gehören auch Fragen nach Zuständigkeiten, Kooperationspartnern und Handlungsvollmachten. Sofern im Laufe des Gesprächs noch keine ausführliche Aufgabenbeschreibung erfolgt sein sollte, wäre dies ebenfalls der richtige Zeitpunkt nachzuhaken.

Entwicklungsmöglichkeiten abklären

Für Ihr Karrierebewusstsein würden außerdem Fragen nach Ihren Entwicklungsmöglichkeiten sprechen. Hierbei sollten vor allem positionelle Aufstiegschancen im Vordergrund stehen und nicht nur finanzielle Verbesserungen. Wichtig ist auch die Frage, aus welchen Gründen der Arbeitsplatz überhaupt frei geworden ist und welche organisatorischen beziehungsweise technischen Hilfsmittel gestellt werden (also zum Beispiel, welche Computer-Hard- und Software).

Ihre Motivation können Sie außerdem mit Fragen nach innerbetrieblichen Aus- und Weiterbildungsprogrammen unter Beweis stellen.

Achtung: Dagegen sollten Sie sich Fragen nach Arbeitszeit- oder Urlaubsregelungen, Zeiterfassung, firmeneigener Altersversorgung oder Firmenwagen im ersten Vorstellungsgespräch besser verkneifen. Für das Aushandeln einzelner Vertragskonditionen ist immer noch Zeit, wenn Sie zumindest schon eine mündliche Zusage erhalten oder zu einem zweiten Vorstellungsgespräch eingeladen werden. Andernfalls könnte der Eindruck entstehen, Sie seien Ihrer Sache zu sicher.

Gehaltsverhandlung mit Fingerspitzengefühl

Ein Kernpunkt des Vorstellungsgesprächs

Wenn Sie nicht bereits in der Stellenausschreibung aufgefordert wurden, im Bewerbungsschreiben Ihre Gehaltsvorstellung anzugeben, dann müssen Sie spätestens gegen Ende des Vorstellungsgesprächs mit dieser Frage rechnen. Gleichzeitig gehört die Frage nach Ihrer Gehaltsvorstellung zu den Kernpunkten des Bewerbungsgesprächs. Hier sollten Sie versuchen, Ihren „Marktwert" geschickt ein wenig zu erhöhen. Sie sollten dabei ein gesundes Mittelmaß wählen, damit Sie noch in das Gehaltsgefüge der Firma passen.

Wenn Sie Ihren bisherigen Arbeitsplatz selbst gekündigt haben, dann ist es nur zu verständlich, dass Sie sich finanziell verbessern möchten. Ihre Gehaltsvorstellung könnte in diesem Fall Ihr bisheriges Gehalt um circa 10 bis 15 Prozent (höchstens aber 20 Prozent) übersteigen.

Der Ablauf eines Vorstellungsgesprächs

Verhandelt wird grundsätzlich über das Bruttogehalt, in gehobenen Positionen stets über das Jahreseinkommen.

> **Praxis-Tipp:**
>
> Gute Anhaltspunkte dafür, wie sich die aktuelle Gehaltsentwicklung in den einzelnen Berufsgruppen darstellt, erhalten Sie aus Veröffentlichungen in Wirtschaftszeitungen und berufsspezifischen Zeitschriften. Ebenso bekommen Sie solche Informationen bei den Gewerkschaften und Berufsverbänden.

Die Frage nach Ihrem derzeitigen Einkommen ist grundsätzlich unzulässig und kann von Ihnen deshalb auch unrichtig beantwortet werden. Nach der Rechtsprechung des Bundesarbeitsgerichts darf der Arbeitgeber nämlich seine Vergütungszusage nicht nach dem bisherigen Verdienst ausrichten. Etwas anderes gilt nur, wenn es sich bei der angestrebten Position um eine von den Fähigkeiten und Kenntnissen her vergleichbare Stelle handelt oder Sie Ihr bisheriges Gehalt als Mindestvergütung verlangen.

Wichtig: In diesem Fall sollten Sie bei der Beantwortung dieser Frage besser nicht schwindeln, sondern höchstens Ihr bisheriges Jahreseinkommen durch besondere Sozialleistungen, Extra-Vergünstigungen, Gratifikationen und dergleichen ein wenig aufrunden. Schließlich würde bei einem Stellenwechsel während des laufenden Jahres Ihrem neuen Arbeitgeber Ihr tatsächliches Gehalt aufgrund Ihrer Lohnsteuerkarte bekannt werden.

Achtung: Haben Sie aber bei Ihrer Einstellung bewusst ein sehr viel höheres früheres Einkommen angegeben, um den Arbeitgeber zur Bewilligung eines entsprechend höheren Verdienstes zu bewegen, wäre dieser sogar zur Anfechtung des Arbeitsvertrages berechtigt, was einer fristlosen Kündigung gleichkäme.

Gehaltsverhandlung mit Fingerspitzengefühl

Die vertragliche Gehaltsvereinbarung

Es empfiehlt sich also, bei Ihrer Gehaltsvorstellung nicht zu sehr abzuheben. Ebenso falsch wäre es allerdings, wenn Sie sich „unter Preis" verkaufen würden. In diesem Fall könnten möglicherweise Zweifel an Ihrem Karrierebewusstsein und an Ihrer Motivation aufkommen. Außerdem würde eine solche „falsche Bescheidenheit" schnell als Indiz für mangelndes Selbstbewusstsein ausgelegt werden. Eventuell könnten Sie sich damit sogar selbst aus dem Rennen bringen.

Zusagen in der Stellenanzeige

Stellt ein Arbeitgeber in einer veröffentlichten Stellenanzeige den Bewerbern besondere finanzielle Leistungen in Aussicht, so ist er daran beim Zustandekommen des Arbeitsvertrags grundsätzlich nicht gebunden. Ausschlaggebend für solche Leistungen sind ausschließlich der Inhalt des Arbeitsvertrages sowie eventuell anwendbare tarifvertragliche Regelungen.

Entscheidung des Bundesarbeitsgerichts v. 25.01.2000 – Az: 9 AZR 140/99

Bleiben Sie bei Ihrem Gehaltswunsch deshalb möglichst realistisch und lassen Sie sich – wenn überhaupt – nur minimal drücken. Erklären Sie sich gegebenenfalls für die Dauer der Probezeit mit einem etwas niedrigeren Einkommen einverstanden, mit der Option einer Gehaltserhöhung bei Festanstellung.

Wichtig: Vorsichtshalber sollten Sie aber diese Vereinbarung in den Vertrag mitaufnehmen lassen. Sinnvoll kann es auch sein, als Gehaltsvorstellung eine bestimmte Einkommensspanne zu nennen, also beispielsweise als eine unterste Grenze 3 000 EUR und als Wunschgehalt 3 500 EUR. Je nachdem, wie überzeugend Sie im Verlauf des Gesprächs Ihre Fähigkeiten und Kompetenz darstellen konnten, wird sich das Gehaltsangebot Ihres Gesprächspartners dann eher im unteren oder oberen Bereich dieses Spielraums bewegen. Diese Vorgehensweise empfiehlt sich vor allem, wenn Sie sich nicht ganz sicher sind, welche Gehaltsforderungen in dieser Bran-

Der Ablauf eines Vorstellungsgesprächs

che oder örtlich üblich sind. Auf jeden Fall beweisen Sie damit eine gewisse Verhandlungs- und Kompromissbereitschaft.

> **Praxis-Tipp:**
> Natürlich können Sie den Spieß auch einfach umdrehen und fragen, wie die Stelle denn bisher dotiert gewesen sei. Dann haben Sie für Ihre Argumentation und für die Angabe (sowie eine eventuelle Aufrundung) Ihres bisherigen Einkommens eine konkrete Verhandlungsgrundlage. Oft wirkt eine solche Direktheit überzeugender als ein Herumschleichen um den heißen Brei.

Einen „guten Abgang" nicht vergessen

Interesse bekunden – den positiven Eindruck verstärken

Abschließend sollten Sie möglichst noch einmal kurz zusammenfassen, warum Sie gerade an dieser Stelle besonders interessiert sind. Nutzen Sie hierbei die während des Gesprächs über das Unternehmen zusätzlich erhaltenen Informationen und lassen Sie sie unbedingt in Ihre Argumentation einfließen. Stellen Sie nochmals mit knappen Worten heraus, aus welchen Gründen Sie für die mit der Stelle verbundenen Aufgaben besonders prädestiniert und qualifiziert sind.

Sofern Ihr Gesprächspartner nicht von sich aus etwas über den voraussichtlichen Entscheidungstermin verlauten lässt, sollten Sie – ohne allerdings aufdringlich zu wirken – ruhig fragen, bis wann über die Besetzung der Stelle entschieden werde.

Achten Sie auch bei der Verabschiedung wieder auf ein höflich-freundliches Benehmen, damit Sie auch in Ihrer Gesamterscheinung in positiver Erinnerung bleiben.

Einen „guten Abgang" nicht vergessen

Checkliste: Das erfolgreiche Vorstellungsgespräch

- Der Ablauf eines Vorstellungsgesprächs richtet sich in erster Linie nach der Art der zu besetzenden Stelle sowie nach dem Alter, dem Geschlecht, der Ausbildung sowie nach den Erfahrungen des Bewerbers.
- Lassen Sie Ihren Gesprächspartner ruhig lange Ausführungen machen. Fassen Sie sich dagegen bei Ihren Antworten eher kurz und vermeiden Sie Monologe.
- Beziehen Sie jede Frage auf die in Aussicht stehende Stelle und die damit verbundenen Anforderungen.
- Geben Sie so wenig wie möglich von Ihrer Privatsphäre preis.
- Verhalten Sie sich im Gespräch grundsätzlich defensiv.
- Versuchen Sie, kompetente Einwürfe zu machen und Schwerpunkte zu setzen.
- Verlieren Sie auch nicht in Stress-Interviews den Kopf und reagieren Sie nicht aggressiv.
- Führen Sie in der „Aufwärmphase" einen kurzen, höflichen Smalltalk.
- Lehnen Sie angebotene alkoholische Getränke freundlich ab und wählen Sie stattdessen einen Kaffee, Tee oder ein Wasser.
- Stellen Sie Ihre Motivation und Ihr spezielles Interesse hinsichtlich der ausgeschriebenen Stelle überzeugend dar.
- Identifizieren Sie sich mit der Firmenphilosophie.
- Erzählen Sie nichts über andere laufende Bewerbungen oder bisherige Absagen.
- Stellen Sie Ihren beruflichen Werdegang so positiv wie möglich dar und verschweigen Sie Misserfolge oder Rückschläge.

Der Ablauf eines Vorstellungsgesprächs

noch: Checkliste: Das erfolgreiche Vorstellungsgespräch

- Machen Sie deutlich, dass Sie mit Ihrer Bewerbung eine ganz bestimmte berufliche Entwicklung verfolgen.
- Antworten Sie bei Fragen nach Ihren persönlichen Verhältnissen diplomatisch.
- Fragen, die Ihre Intimsphäre verletzen, brauchen Sie sich nicht gefallen zu lassen. Grenzen Sie sich dagegen bestimmt, aber höflich ab.
- Sofern Sie keine Offenbarungspflicht trifft, brauchen Sie bestehende Krankheiten nicht mitzuteilen.
- Heben Sie alle Argumente hervor, die Sie als künftigen Stelleninhaber prädestinieren.
- Stellen Sie Fragen zum firmeninternen Aufbau sowie nach Ihren Entwicklungsmöglichkeiten innerhalb des Unternehmens.
- Nennen Sie eine Gehaltsvorstellung, die etwa 10 bis 15 Prozent über Ihrem bisherigen Gehalt liegt. Bleiben Sie bei Ihrem Gehaltswunsch aber realistisch und beweisen Sie Kompromissbereitschaft.
- Achten Sie auch bei der Verabschiedung auf ein höflich-freundliches Benehmen.

Wann „Notlügen" erlaubt sind 6

Recht zur Lüge – Pflicht zur Wahrheit . . 86

Was Sie getrost verschweigen dürfen . . 93

Stellen Sie Ihr Licht
nicht unter den Scheffel 96

Wo Sie etwas dicker auftragen dürfen . 97

Im Gruppengespräch
geschickt taktieren 99

Wann „Notlügen" erlaubt sind

Recht zur Lüge – Pflicht zur Wahrheit

Nach der Rechtsprechung des Bundesarbeitsgerichts ist ein Arbeitnehmer nur verpflichtet, auf juristisch zulässige Fragen wahrheitsgemäß zu antworten. Dagegen darf er bei unzulässigen Fragen durchaus die Unwahrheit sagen, ohne dass er mit rechtlichen Konsequenzen (also Anfechtung und gegebenenfalls Schadensersatz) rechnen müsste. Andernfalls wären bestimmte Personengruppen im Bewerbungsverfahren möglicherweise von vornherein benachteiligt (zum Beispiel Gewerkschafts- oder Parteimitglieder, schwangere Frauen).

Verhindern von Benachteiligung

Das Bundesarbeitsgericht hat deshalb bestimmte Fragen für unzulässig erklärt und Bewerbern sozusagen als ein Notwehrrecht auch ein „Recht zur Lüge" zugesprochen. Hätten Sie nämlich bei unzulässigen Fragen lediglich ein Schweigerecht, wären Sie bei Nichtbeantwortung einer Frage natürlich sofort aus dem Rennen. Schließlich kann keine Antwort ja auch eine Antwort sein. Erlaubt sind demzufolge nur solche Fragen, die auch wirklich in einer unmittelbaren Beziehung zu der ausgeschriebenen Stelle stehen.

Achtung: Solche Fragen müssen Sie grundsätzlich wahrheitsgemäß beantworten, wenn Sie nicht das Risiko einer späteren Anfechtung durch den Arbeitgeber eingehen wollen. Eine Anfechtung wegen arglistiger Täuschung käme einer fristlosen Kündigung gleich. Darüber hinaus könnte der Arbeitgeber – sofern ihm durch Ihre Einstellung ein Schaden entstanden sein sollte – auch noch Schadensersatz von Ihnen verlangen.

Recht zur Lüge – Pflicht zur Wahrheit

Arglistige Täuschung nur bei bewusster Falschaussage

Allerdings kann nicht jede falsche Antwort gleich als „arglistige Täuschung" gewertet werden. Ein Anfechtungsrecht ist nur in den Fällen offiziell anerkannt, in denen die Frage des Arbeitgebers zulässig war und der Bewerber diese tatsächlich bewusst falsch beantwortet hat. Haben Sie also beispielsweise zum Zeitpunkt des Vorstellungsgesprächs noch nicht konkret gewusst, dass Sie schwerbehindert sind, und haben Sie eine diesbezügliche Frage aus diesem Grunde verneint, kann Ihr Vertrag später auch nicht wegen arglistiger Täuschung angefochten werden. Außerdem müsste der Arbeitgeber im Streitfall darlegen und beweisen, dass er das Arbeitsverhältnis mit diesem Arbeitnehmer nicht abgeschlossen hätte, wenn er die wahren Umstände gekannt hätte.

Wichtig: Im Übrigen ist nach der Rechtsprechung des Bundesarbeitsgerichts ein Anfechtungsrecht des Arbeitgebers dann ausgeschlossen, wenn das Arbeitsverhältnis jahrelang beanstandungsfrei bestanden hat und die Lüge so lange zurückliegt, dass sie in der Zwischenzeit erheblich an Bedeutung verloren hat (Entscheidung des Bundesarbeitsgerichts, Az: 2 AZR 184/69).

Erlaubte Fragen – erlaubtes Lügen

Grundsätzlich müssen Sie solche Fragen, die Ihre Privatsphäre betreffen, nicht wahrheitsgemäß beantworten. Hierzu gehören unter anderem Fragen nach der Konfession, Mitgliedschaft in einer Gewerkschaft, Familienplanung und anderen privaten Angelegenheiten (vergleiche Seite 69 ff.). Ausnahmsweise kann allerdings eine solche, die Privatsphäre berührende Frage dann zulässig sein, wenn sie für die Besetzung der ausgeschriebenen Stelle objektiv betrachtet unbedingt erforderlich ist, weil für diese Position bestimmte persönliche Voraussetzungen zu erfüllen sind. Handelt es sich beispielsweise um eine Tätigkeit bei einer kirchlichen Organisation, dann wäre etwa die Frage nach Ihrer Konfession durchaus als zulässig anzusehen. Dagegen dürfte eine Bewerberin in diesem Fall aber

Wann „Notlügen" erlaubt sind

nicht danach gefragt werden, ob sie bereits einmal abgetrieben hat. Hier wäre das Fragerecht deutlich überschritten, mit der Folge, dass die Antwort nicht der Wahrheit zu entsprechen braucht.

Schwanger oder nicht?

Dennoch werden auch bekanntermaßen unzulässige Fragen in Vorstellungsgesprächen immer wieder gern gestellt. Im Falle von Bewerberinnen gehört deshalb die Frage nach einer bestehenden Schwangerschaft mittlerweile schon zum Standardrepertoire.

Achtung: Diese Frage ist inzwischen unzulässig. Dies hat das Bundesarbeitsgericht in seinem Urteil vom 6. Februar 2003 entschieden. Mit dieser Entscheidung hat sich das Bundesarbeitsgericht der Rechtsprechung des Europäischen Gerichtshofs angeschlossen, wonach die Nichteinstellung einer Frau wegen bestehender Schwangerschaft stets einen unmittelbaren Verstoß gegen den Gleichheitsgrundsatz darstellt. Durch das seit August 2006 geltende Allgemeine Gleichbehandlungsgesetz (AGG) ist diese Frage nunmehr generell als unzulässig anzusehen, unabhängig davon, ob es sich um eine befristete oder unbefristete Stelle handelt.

Somit dürfen also Bewerberinnen, die nach einer bestehenden Schwangerschaft gefragt werden, stets wissentlich die Unwahrheit sagen. Eine Anfechtung des Arbeitsvertrages wegen arglistiger Täuschung ist in diesem Fall nicht mehr zulässig.

Fragen und Vorstrafen

Unzulässig ist in der Regel auch die allgemeine Frage nach Vorstrafen oder laufenden Ermittlungsverfahren. Eine solche Frage kann nur in den Fällen als zulässig gelten, in denen für eine bestimmte ausgeschriebene Position auf keinen Fall ein einschlägig Vorbestrafter in Frage käme. Aus diesem Grund dürfte etwa im Auswahlverfahren für eine Stelle als Bankkassierer nach Vorstrafen aus dem ver-

Recht zur Lüge – Pflicht zur Wahrheit

mögensrechtlichen Bereich (wie zum Beispiel Diebstahl, Unterschlagung, Untreue und Betrug) gefragt werden, oder, wenn es beispielsweise um eine Anstellung als Chauffeur ginge, danach, ob irgendwelche verkehrsrechtlichen Vorstrafen vorliegen.

Frage nach Vorstrafen

Der Arbeitgeber darf grundsätzlich nicht nach laufenden Ermittlungsverfahren fragen. Diese Frage ist jedoch ausnahmsweise zulässig, wenn durch die Ermittlungen Zweifel an der persönlichen Eignung des Arbeitnehmers begründet werden, so zum Beispiel bei einem Ermittlungsverfahren gegen eine Kindergärtnerin wegen sexuellen Missbrauchs von Kindern.

Urteil des Arbeitsgerichts Münster v. 20.11.1992 – Az.: 3 Ca 1459/92

Ein konkreter Bezug zur Stelle muss vorliegen

Ist jedoch ein solcher konkreter Bezug zu der ausgeschriebenen Stelle nicht erkennbar, können Sie die Frage auch getrost unrichtig beantworten. Außerdem gilt ein Verurteilter gemäß § 53 des Bundeszentralregister-Gesetzes selbst dann als unbestraft und darf sich auch so bezeichnen, wenn seine Strafe nicht ins Führungszeugnis aufzunehmen ist. Dies ist immer dann der Fall, wenn es sich lediglich um eine Geldstrafe bis zu neunzig Tagessätzen oder um eine Freiheitsstrafe von nicht mehr als drei Monaten handelte. Im Übrigen dürfen Bestrafungen in der Regel nach Ablauf von fünf Jahren nicht mehr in das polizeiliche Führungszeugnis aufgenommen werden. Eine Ausnahme gilt dabei nur für Freiheitsstrafen. In diesem Fall verlängert sich die Aufnahmefrist um die Strafdauer.

Das polizeiliche Führungszeugnis

Aufgrund des eingeschränkten Fragerechts verlangen manche Arbeitgeber vor der Einstellung sogar die Vorlage eines polizeilichen

Wann „Notlügen" erlaubt sind

Führungszeugnisses. Da hierin aber auch solche Verurteilungen aufgeführt sein können, die der Bewerber eigentlich nicht anzugeben braucht, ist eine solche Forderung des Arbeitgebers unzulässig.

Achtung: Weigern Sie sich jedoch, das Führungszeugnis vorzulegen, scheiden Sie natürlich von vornherein aus dem Kreis der Stellenanwärter aus. Es handelt sich somit um ein Auswahlverfahren eigener Art. Leider haben Sie in diesem Fall keine Chance, sich zu drücken. Dies gilt vor allem, wenn Sie sich um eine Stelle im öffentlichen Dienst beworben haben. Sie können deshalb eigentlich nur die Flucht nach vorn wagen und dem Personalchef im Vorwege Ihre Vorstrafen offen legen. Vielleicht gelingt es Ihnen auch in einem persönlichen Gespräch, die besonderen Umstände, die zu der Verurteilung führten, überzeugend darzulegen und um eine vorurteilsfreie Behandlung Ihrer Bewerbung zu bitten. Anhängige Ermittlungsverfahren dürfen überhaupt nicht in das Bundeszentralregister aufgenommen werden und erscheinen daher auch niemals im Führungszeugnis.

Frage nach Strafverfahren

Das Fragerecht des Arbeitgebers nach laufenden Ermittlungs- beziehungsweise Strafverfahren ist nach der Rechtsprechung des Bundesarbeitsgerichts ebenfalls auf die Fälle beschränkt, in denen es um einschlägige Delikte in Bezug auf die ausgeschriebene Stelle geht.

Wichtig: Handelt es sich um eine Stelle, bei der die Benutzung eines Kraftfahrzeugs unbedingt erforderlich ist, darf der Arbeitgeber sowohl nach dem Vorliegen einer Fahrerlaubnis als auch nach etwaigen Eintragungen in der „Verkehrssünderkartei" fragen.

Recht zur Lüge – Pflicht zur Wahrheit

Wehr- oder Ersatzdienst?

Bei männlichen Bewerbern wird natürlich gern gefragt, ob sie der Wehr- beziehungsweise Ersatzdienstpflicht unterliegen. Sofern es sich nicht um ganz spezielle Positionen handelt, die nicht ohne weiteres mit einer Vertretung besetzt werden können, dürfte diese Frage als unzulässig anzusehen sein. Andernfalls würden dienstpflichtige Bewerber gegenüber solchen diskriminiert werden, die keiner Wehr- beziehungsweise Ersatzdienstpflicht unterliegen (wie zum Beispiel Frauen). Ebenso würde auch das Arbeitsplatzschutzgesetz leer laufen.

Achtung: Allerdings lassen sich manche Unternehmen von Bewerbern im wehrfähigen Alter den Wehrpass vorlegen. Kommen Sie dieser Bitte nicht nach, scheiden Sie als Stellenkandidat von vornherein aus. Leider haben Sie in diesem Fall – ähnlich wie in den Fällen, in denen ein Führungszeugnis verlangt wird – keine Möglichkeit, sich dagegen zu wehren. Auch hier bleibt Ihnen dann nur das persönliche Gespräch mit dem Personalchef, in dem Sie auf die Bestimmungen des Arbeitsplatzschutzgesetzes hinweisen sollten, durch das ja gerade berufliche Nachteile aufgrund der Wehrpflicht ausgeglichen werden sollen.

Die Gewerkschaftszugehörigkeit ist Privatsache

Auch die Frage, ob ein Bewerber einer Gewerkschaft angehört, ist grundsätzlich unzulässig. Dem steht auch nicht die Behauptung vieler Arbeitgeber entgegen, dass die Kenntnis einer etwaigen Gewerkschaftszugehörigkeit für die Geltung eines Tarifvertrags und die richtige Eingruppierung eines Arbeitnehmers erforderlich sei. Hiervon kann und darf die Einstellungsentscheidung nicht abhängen. Schließlich könnte ein Bewerber ja auch nach Begründung des Arbeitsverhältnisses Gewerkschaftsmitglied werden und dann nachträglich der Tarifbindung unterliegen. Folglich brauchen Sie die

Wann „Notlügen" erlaubt sind

Frage nach einer etwaigen Gewerkschaftszugehörigkeit nicht wahrheitsgemäß zu beantworten.

Erlaubt sind Fragen, soweit sie die Stelle betreffen

Zusammenfassend bleibt festzuhalten, dass ein künftiger Arbeitgeber solche Fragen, die mit der in Aussicht stehenden Stelle objektiv nichts zu tun haben, grundsätzlich nicht stellen darf. Dies gilt insbesondere für Fragen, die den persönlichen Bereich oder gar die Intimsphäre eines Bewerbers betreffen. Besteht dagegen an der Beantwortung einer Frage im Hinblick auf die ausgeschriebene Stelle beziehungsweise den Unternehmenszweck ein tatsächliches Interesse, dann dürfen im Vorstellungsgespräch sogar solche Fragen gestellt werden, die in höchstpersönliche und rechtlich geschützte Bereiche eindringen (wie etwa eine Religions-, Partei- oder Gewerkschaftszugehörigkeit).

Checkliste: Wann Sie lügen dürfen

- Sie sind nur verpflichtet, auf juristisch zulässige Fragen wahrheitsgemäß zu antworten.

- Stellt ein Arbeitgeber eine unzulässige Frage, dürfen Sie diese unrichtig beantworten.

- Erlaubt sind nur Fragen, die in unmittelbarer Beziehung zu der ausgeschriebenen Stelle stehen. Solche Fragen müssen Sie grundsätzlich wahrheitsgemäß beantworten.

- Dies gilt dann sogar für solche Fragen, die in höchstpersönliche und rechtlich geschützte Bereiche eindringen (wie etwa eine Religions-, Partei- oder Gewerkschaftszugehörigkeit).

noch: Checkliste: Wann Sie lügen dürfen

- Fragen nach einer bestehenden Schwangerschaft sind unzulässig.
- Obwohl Sie nicht dazu verpflichtet sind, ein polizeiliches Führungszeugnis vorzulegen, ist es doch empfehlenswert, dieser Bitte nachzukommen.

Was Sie getrost verschweigen dürfen

Die Kunst der Selbstdarstellung …

Im Vorstellungsgespräch kommt dem allseits bekannten Sprichwort „Reden ist Silber, Schweigen ist Gold" wirklich eine besondere Bedeutung zu. Wer sich nämlich allzu redselig gibt, hat eigentlich schon verloren. Die Kunst der Selbstdarstellung beginnt damit, nur so viel und solche Informationen über sich preiszugeben, wie es für die Darstellung des gewünschten Images auch erforderlich ist. Natürlich wird man es Ihnen nicht abnehmen, dass Sie ausschließlich über positive Eigenschaften verfügen. Deshalb sollten Sie ruhig auch einige kleinere Schwächen eingestehen. Dies wirkt nur allzu menschlich und kann darüber hinaus sogar Sympathien hervorrufen. Allerdings sollte es sich auch wirklich nur um „kleine Ticks" wie beispielsweise eine Sammelleidenschaft (z. B. alte Jazz-Platten) handeln. Auf diese Weise stellen Sie nämlich unter Beweis, dass Sie auch Charakter besitzen.

Achtung: Hüten Sie sich aber bitte unbedingt davor, im Vorstellungsgespräch irgendwelche beruflich-fachlichen Schwächen einzugestehen. Darüber kann nun wirklich kein Personalchef hinwegsehen.

Verschweigen dürfen Sie grundsätzlich solche Tatsachen, für die keine rechtliche Offenbarungspflicht besteht (vergleiche Seite 14).

Wann „Notlügen" erlaubt sind

Dies kann sogar für solche Dinge gelten, nach denen ein künftiger Arbeitgeber zulässigerweise fragen dürfte und Sie somit zur wahrheitsgemäßen Beantwortung verpflichtet wären. Als Beispiel sei hier die Schwerbehinderteneigenschaft genannt, auf die Sie ohne entsprechende Frage im Vorstellungsgespräch von sich aus nicht hinweisen müssen.

Aufklärungspflicht des Arbeitnehmers

Grundsätzlich gehört es zur Aufgabe Ihres künftigen Arbeitgebers, wirklich alle für die Besetzung der ausgeschriebenen Stelle erforderlichen Fragen zu stellen. Ein Bewerber ist deshalb nur verpflichtet, den Arbeitgeber auch ohne explizites Befragen über bestimmte außergewöhnliche Umstände aufzuklären, durch die die üblichen Risiken eines Arbeitsverhältnisses in irgendeiner Weise überschritten werden könnten. Dies kann zum Beispiel für Krankheiten oder aber auch für andere Umstände gelten, von denen eine eventuelle Gefährdung für andere Personen (zum Beispiel Mitarbeiter oder Kunden) ausgehen könnte. Ebenso wäre ein Bewerber zur Mitteilung verpflichtet, wenn er bereits weiß, dass er die neue Arbeitsstelle nicht zu dem vorgesehenen Termin antreten können wird, weil er beispielsweise zu dieser Zeit in Kur ist. Eine Aufklärungspflicht würde in diesem Fall zum Beispiel auch einen Kraftfahrer treffen, der schon zum Zeitpunkt des Vorstellungsgesprächs mit Sicherheit weiß, dass er bei Arbeitsantritt der neuen Stelle keine Fahrerlaubnis besitzen wird.

… ansonsten darf alles verschwiegen werden

Besteht eine Rechtspflicht zur Aufklärung des Arbeitgebers nicht, dann können und sollten Sie natürlich all das verschweigen, was Sie in einem schlechten Licht erscheinen lassen könnte. Hierzu gehören vor allem berufliche Flops, etwaige Probleme mit früheren Vorge-

Was Sie getrost verschweigen dürfen

setzten oder Kollegen, Alkohol- oder Drogenprobleme sowie die tatsächlichen Gründe, wegen derer frühere Arbeitgeber Ihnen gekündigt haben.

Achtung: Schweigen sollten Sie vor allem auch über Ihre Privatangelegenheiten, also ob Sie beispielsweise in Scheidung leben oder sich mit Heiratsabsichten tragen. Frauen sollten sich hier übrigens besonders geschickt verhalten. Wenn Sie bereits Familie haben, verschweigen Sie auf jeden Fall etwaige Probleme mit den Kindern oder Ihrem Ehepartner. Stellen Sie sich am besten stets als eine „Superfrau" dar, die locker Beruf und Familie unter einen Hut bekommt und keinerlei Organisationsprobleme kennt.

Checkliste: Offenheit mit Maß und Ziel

- Seien Sie nicht zu redselig.
- Geben Sie nur solche Informationen über sich preis, die für die Darstellung des von Ihnen gewünschten Images erforderlich sind.
- Nennen Sie von sich nur überwiegend positive Eigenschaften.
- Kleinere Schwächen dürfen Sie ruhig eingestehen, das wirkt menschlich und kann sogar Sympathie erwecken.
- Eine Aufklärungspflicht des Bewerbers besteht nur dann, wenn außergewöhnliche Umstände vorliegen, durch die die üblichen Risiken eines Arbeitsverhältnisses überschritten werden könnten.
- Verschweigen Sie möglichst alles Negative über sich.

Stellen Sie Ihr Licht nicht unter den Scheffel

Keine übertriebene Bescheidenheit

Im Berufsleben ist es eigentlich fast wie in der Schulzeit. Diejenigen, die immer den Finger oben hatten, auch wenn sie meist nichts Weltbewegendes zum Unterricht beizutragen hatten, erhielten die Aufmerksamkeit des Lehrers und in der Regel auch die guten Noten. Dagegen werden die Stillen und Bescheidenen, die im Hintergrund gute Leistungen erbringen, leicht übersehen. Besonders Frauen neigen dazu, ihr Licht unter den Scheffel zu stellen. Trotz qualifizierter Ausbildung und überdurchschnittlicher Leistungen verstehen sie es in der Regel nicht so gut wie Männer, sich selbst darzustellen. Lernen Sie also, Kompetenz, Energie und Selbstbewusstsein auszustrahlen und werden Sie sich Ihrer eigenen Fähigkeiten und Leistungen bewusst. Dann wird es Ihnen sicher nicht schwer fallen, ein persönliches Image zu entwickeln, das Sie auch im Bewerbungsgespräch überzeugend darstellen können. Schließlich nützt es Ihnen wenig, wenn Sie selbst zwar wissen, wie gut Sie sind, Ihr künftiger Arbeitgeber jedoch keine Ahnung hat, welche Fähigkeiten in Ihnen schlummern, weil Sie einfach zu schüchtern oder zu bescheiden sind, Ihre Vorteile hervorzuheben.

Erfolge und Vorzüge ruhig darstellen

Versuchen Sie also möglichst schon im Vorstellungsgespräch, sich in ein gutes Licht zu setzen und stets Ihre Vorzüge und Erfolge zu betonen. Erzählen Sie zum Beispiel möglichst eindrucksvoll von Projekten, an denen Sie mitgewirkt haben. Vielleicht liegen Ihnen ja sogar schriftliche Beurteilungen früherer Vorgesetzter vor, auf die Sie sich beziehen können. Wenn Sie über besondere Interessen und Kenntnisse verfügen, die dem Unternehmen von Nutzen sein könnten, sollten Sie Ihrem künftigen Chef bereits im Bewerbungsgespräch Ihre Ideen erläutern, die Sie gern in die Tat umsetzen würden. Selbst wenn Ihre Vorschläge keinen großen Anklang finden sollten, so beweisen Sie mit Ihrem Tatendrang zumindest eine hohe Leistungsmotivation.

> **Checkliste: Selbstbewusstes Auftreten**
>
> - Strahlen Sie Kompetenz und Selbstbewusstsein aus. Seien Sie sich Ihrer Fähigkeiten und Leistungen bewusst.
> - Stellen Sie Ihre persönlichen Vorzüge überzeugend dar. In Ihnen schlummernde Fähigkeiten sollten Sie ruhig preisgeben.
> - Betonen Sie Ihre Vorzüge und Erfolge, zum Beispiel mit einem kurzen Bericht über Ihre bisherigen Projekte.

Wo Sie etwas dicker auftragen dürfen

Ähnlich wie in der Werbung dürfen Sie auch im Vorstellungsgespräch bei der Darstellung Ihrer Pluspunkte ein wenig übertreiben. Schmücken Sie also die von Ihnen bislang erbrachten Leistungen ruhig ein wenig aus. Sofern Ihre Arbeitszeugnisse nichts Gegenteiliges aussagen, könnten Sie zum Beispiel Tätigkeiten, die bei einer früheren Arbeitsstelle nur eine eher untergeordnete Rolle spielten, als „Tätigkeitsschwerpunkte" hervorheben, wenn dies zum neuen Arbeitsplatz passen würde.

... aber dennoch nicht übertreiben

Bleiben Sie aber dennoch im Rahmen! Wenn Sie beispielsweise nur „Schulenglisch" beherrschen, sollten Sie besser nicht angeben, in Wirtschaftsenglisch perfekt zu sein. In der Praxis würde Sie die Realität nämlich sehr schnell einholen. Schlimmstenfalls würden Sie dann nicht einmal die Probezeit überstehen.

Wann „Notlügen" erlaubt sind

Persönliche Eigenschaften gekonnt präsentiert

Wenn Sie von Ihren persönlichen Eigenschaften berichten, sollten Sie möglichst nicht zu sehr ins Detail gehen, sondern diese besser allgemein umschreiben. Betonen Sie zum Beispiel, dass Sie eine rasche Auffassungsgabe haben und sich daher schnell in neue Aufgabengebiete einarbeiten können. Oder heben Sie hervor, dass berufliche Herausforderungen Sie gerade besonders anspornen, die damit verbundenen Aufgaben zu meistern.

Wichtig: Auf Unternehmerseite wird auch gern gehört, dass Sie an Problemlösungen kreativ herangehen und in der Lage sind, Wichtiges von Unwichtigem zu unterscheiden. Nennen Sie – wenn möglich – einige bei Ihrem früheren Arbeitgeber eingebrachte Ideen, die dann dort auch umgesetzt wurden. Bei der Bedeutung der Vorschläge für das Unternehmen können Sie ruhig wieder etwas schwindeln und sie wichtiger erscheinen lassen, als sie wirklich waren. Vielleicht waren Sie für Ihre Firma ja auch einmal auf einer Messe oder Tagung. In einem solchen Fall könnten Sie gut behaupten, Sie hätten das Unternehmen dort repräsentiert.

Praxis-Tipp:

Schließlich sollten Sie nicht vergessen, Ihre ständige fachliche Weiterbildung hervorzuheben. Betonen Sie, dass Sie dadurch immer auf dem Laufenden geblieben und somit fachlich „up to date" sind.

Checkliste: Zeigen Sie Ihre Stärken

- Stellen Sie im Vorstellungsgespräch Ihre Fähigkeiten ruhig ein wenig übertrieben dar.
- Schildern Sie Ihre persönlichen Eigenschaften besser allgemein.

noch: Checkliste: Zeigen Sie Ihre Stärken

- Hüten Sie sich davor, mit Fremdsprachenkenntnissen zu prahlen (etwa Wirtschaftsenglisch), über die Sie gar nicht verfügen. Die Realität wird Sie später einholen.
- Machen Sie bitte unbedingt deutlich, dass Sie auch an Problemlösungen interessiert sind.
- Heben Sie hervor, dass Sie sich laufend fachlich weiterbilden, um up to date zu sein.

Im Gruppengespräch geschickt taktieren

Auf Sozialverhalten und Umgangsformen kommt es an

Manche Unternehmen führen das Vorstellungsgespräch auch mit mehreren Bewerbern gleichzeitig. Dies ist eine gute Methode, um unter anderem das Durchsetzungsvermögen, die Anpassungsfähigkeit oder Teambereitschaft der Bewerber zu testen. Bei solchen Gesprächen steht also vor allem das Sozialverhalten der Bewerber im Vordergrund. Natürlich bleibt es bei einer solchen Konstellation nicht aus, dass zwischen den einzelnen Bewerbern eine Konkurrenzsituation entsteht und jeder versucht, sich gegenüber den anderen zu profilieren. Auf diese Weise können oftmals verborgene Charaktereigenschaften zutage treten.

Achtung: Wichtig sind im Gruppengespräch auch die Umgangsformen. Versuchen Sie, freundlich und höflich mit den anderen Kandidaten umzugehen. Lassen Sie andere ausreden und zeigen Sie, dass Sie Ihre Mitbewerber ernst nehmen. Sofern Sie das Wort haben, sollten Sie Ihre Meinung möglichst aufgeschlossen und selbstsicher vertreten. Beweisen Sie ein gutes Ausdrucksvermögen, Analysefähigkeit und Aufnahmebereitschaft. Auf keinen Fall sollten Sie lange Monologe halten, sondern Ihre Wortbeiträge möglichst knapp und prägnant einbringen. Wenn nötig, sollten Sie auf die anderen Bewerber eingehen und so einen gewissen Teamgeist zeigen.

Wann „Notlügen" erlaubt sind

> **Checkliste: Angemessenes Verhalten im Gruppengespräch**
>
> - Achten Sie beim Gruppengespräch besonders auf Ihre Umgangsformen.
> - Gehen Sie mit den anderen Kandidaten möglichst freundlich und höflich um.
> - Lassen Sie die anderen stets ausreden und zeigen Sie, dass Sie sie ernst nehmen.
> - Vertreten Sie Ihre Meinung aufgeschlossen und selbstsicher.
> - Vermeiden Sie lange Monologe.
> - Gehen Sie auf andere Bewerber ein.

Der Vorstellungsfragebogen 7

Vorsicht bei unzulässigen Fragen 102

Die leidigen Tests 104

Weitere Vorstellungsgespräche 106

Die Einstellungsuntersuchung 108

Einholen von Erkundigungen 111

Der Vorstellungsfragebogen

Vorsicht bei unzulässigen Fragen

Viele Unternehmen übersenden den Bewerbern noch vor dem Bewerbungsgespräch einen Vorstellungs- beziehungsweise Personalfragebogen oder händigen einen solchen kurz vor dem Vorstellungstermin zum Ausfüllen aus. Wie die Praxis zeigt, enthalten die meisten dieser Fragebogen eine Vielzahl juristisch unzulässiger oder zumindest bedenklicher Fragen, so zum Beispiel, ob Sie häufiger unzufrieden sind oder welche Menschen Sie als Ihre Vorbilder bezeichnen würden.

Achtung: Obwohl solche Fragen manchmal das allgemeine Persönlichkeitsrecht verletzen können und Sie aus rechtlicher Sicht natürlich nicht verpflichtet wären, unzulässige Fragen zu beantworten, ist von vornherein klar, dass ein nur lückenhaft ausgefüllter Fragebogen sofort zu Ihrem Ausscheiden aus dem Bewerbungsverfahren führen würde. Dasselbe gilt auch für solche Bewerber, deren Antworten auf die psychologisch teilweise sehr geschickt formulierten Fragen zu einer negativen Bewertung führen.

Raffinesse und Fingerspitzengefühl

Beim Ausfüllen eines derartigen Vorstellungsfragebogens ist somit stets größte Vorsicht und eine gehörige Portion Raffinesse geboten. Anders als im persönlichen Vorstellungsgespräch haben Sie hier nämlich nicht die Möglichkeit, einer Frage auszuweichen. Außerdem bildet der Vorstellungsfragebogen die Grundlage für das gegebenenfalls darauf folgende Bewerbungsgespräch. Das heißt, haben Sie im Fragebogen für Sie problematische Fragen unklar oder nicht plausibel beantwortet, dann wird im persönlichen Gespräch garantiert nachgehakt.

Vorsicht bei unzulässigen Fragen

Falsche Antworten im Einstellungsfragebogen

Hat ein Arbeitnehmer zulässige Fragen in einem Personalfragebogen falsch beantwortet, darf der Arbeitgeber den Arbeitsvertrag kündigen oder wegen arglistiger Täuschung anfechten. Dies gilt selbst dann, wenn die für die Verwendung des Fragebogens gesetzlich vorgeschriebene Zustimmung des Betriebs- oder Personalrats nicht vorlag.

Urteil des Bundesarbeitsgerichts v. 02.12.1999 – Az: 2 AZR 724/98

Wann im Fragebogen gelogen werden darf

Grundsätzlich gilt für die Beantwortung unzulässiger Fragen das in Kapitel „Notlügen" Gesagte auch für das Ausfüllen eines solchen Fragebogens. Werden Sie also beispielsweise ganz allgemein und ohne konkreten Bezug auf die ausgeschriebene Stelle aufgefordert, sämtliche Krankheiten anzugeben, die Sie innerhalb der letzten fünf Jahre durchgemacht haben, dann sind Sie nicht verpflichtet, diese Frage wahrheitsgemäß zu beantworten. Dasselbe gilt unter diesen Voraussetzungen für Fragen nach etwaigen Vorstrafen oder Ihren Einkommens- beziehungsweise Vermögensverhältnissen. Seien Sie deshalb in diesen Fällen nicht um eine Antwort verlegen. Auch hier können Sie sich grundsätzlich auf Ihr „Recht zur Lüge" berufen.

Die „schriftliche Lüge"

Der einzige Unterschied zu unrichtigen Antworten im persönlichen Gespräch liegt darin, dass es sich im Vorstellungsfragebogen eben um eine so genannte schriftliche Lüge handelt. Aufgrund solcher falscher Angaben dürfte ein Arbeitsvertrag später nicht angefochten werden. Etwas anderes würde nur dann gelten, wenn ein Bewerber zulässige Fragen falsch beantwortet und etwa durch unzutreffende Antworten falsche Vorstellungen über seine Qualifikation beziehungsweise Leistungsfähigkeit erweckt hätte. Dem Arbeitgeber stünde dann ein Anfechtungsrecht zu.

Der Vorstellungsfragebogen

Achtung: Außerdem könnte sich ein solcher Bewerber sogar eines so genannten Anstellungsbetrugs schuldig gemacht haben, der strafrechtlich verfolgt werden könnte.

Die leidigen Tests

Eignungstests sollten berufsbezogen sein

In vielen Unternehmen ist es durchaus üblich, vor der Einstellung mit Bewerbern Eignungstests durchzuführen (zum Beispiel wird ein Geschäftsgespräch in einer Fremdsprache geführt). Solange solche Tests berufsbezogen sind, kann dagegen nicht viel eingewendet werden, obwohl ihr Aussagewert häufig fragwürdig sein dürfte. Schließlich kann ein Bewerber mal einen schlechten Tag haben oder die Testsituation als solche kann sich negativ auf seine Leistungsfähigkeit auswirken.

Assessment-Center

Häufig wird von Bewerbern – vor allem für gehobene Positionen in Großunternehmen – verlangt, dass sie an einem so genannten Assessment-Center teilnehmen. Dies ist ein Personalauswahlseminar, in dem die Bewerber auf ihre Eignung für die ausgeschriebene Stelle getestet werden. Solche Auswahl- oder Konkurrenzseminare sind grundsätzlich zulässig. Allerdings müssen die dort durchgeführten Tests arbeitsplatzbezogen sein. Die oft nicht unerheblichen Kosten für die Teilnahme an einem Assessment-Center sind in der Regel vom Arbeitgeber zu tragen. Anderenfalls ist er verpflichtet, die Teilnehmer rechtzeitig über etwaig entstehende Kosten zu informieren. In diesem Fall können Sie es sich ja noch überlegen, ob der ausgeschriebene Job den Stress und das viele Geld wert sind?

Persönlichkeitstests sind nicht „ohne"

Kritischer zu betrachten und nicht unumstritten sind allerdings so genannte Persönlichkeitstests. Es handelt sich dabei um psycholo-

Die leidigen Tests

gische Tests, die nur mit Zustimmung der Bewerber zulässig sind. Hierbei sind in der Regel unter Zeitdruck eine Vielzahl von Fragen zu beantworten, aus deren Beantwortung sich Hinweise auf Ihre Persönlichkeitsstruktur ergeben. Geprüft werden dabei vor allem Ihre emotionale Stabilität, Ihre Leistungsbereitschaft sowie Ihre Kontaktfähigkeit. Schließlich geht es jedem Unternehmen darum, nur solche Mitarbeiter einzustellen, die möglichst reibungslos „funktionieren". Deshalb sollen mit Hilfe solcher Psychotests diejenigen Bewerber ausgegrenzt werden, die psychisch nicht sehr belastbar sind, Konzentrationsschwächen zeigen oder nicht teamfähig sind.

Stress-Tests nur bei Stress im Beruf

Die Bewerber werden bei solchen Tests bewusst unter Stress gesetzt. Dies könnte allenfalls bei der Besetzung solcher Stellen eine Berechtigung haben, in denen ein gutes Reaktionsvermögen erforderlich ist (wie zum Beispiel bei Piloten). Dagegen wird beispielsweise ein Sachbearbeiter einer Versicherung kaum jemals an seinem Arbeitsplatz in eine derartige Stress-Situation geraten, in der eine falsche Entscheidung innerhalb eines Bruchteils von Sekunden über Leben und Tod entscheidet. Psychotests werden übrigens auch gern im Assessment-Center eingesetzt. Der Veranstalter muss die Teilnehmer jedoch bereits vorher darauf hinweisen.

> **Praxis-Tipp:**
>
> Wenn Sie sich im Bewerbungsverfahren nicht selbst aus dem Rennen bringen wollen, müssen Sie auch solch einen unsinnigen Test über sich ergehen lassen. Deshalb kann es ratsam sein, sich mit Hilfe spezieller Bücher über Testauswahlverfahren vorab zu informieren, damit man zumindest ungefähr weiß, worauf es bei der Beantwortung solcher Fragen ankommt.

Der Vorstellungsfragebogen

Im Übrigen sollten Sie versuchen, sich möglichst in die Position des Fragenden zu versetzen, damit Sie solche Antworten geben können, die ein Personalchef gerne hört.

Weitere Vorstellungsgespräche

Das wichtige zweite Gespräch

Häufig kommt es vor, dass ein Unternehmen nach dem ersten Kennenlernen der Bewerber mehrere Kandidaten in die engere Wahl genommen hat und diese dann zu einem zweiten Gespräch einlädt. Wenn Sie es bereits bis hierher geschafft haben, ist dies zwar ein gutes Zeichen, aber wirklich noch kein Grund, sich auf seinen Lorbeeren auszuruhen.

Wichtig: Das zweite Gespräch sollten Sie ganz besonders gut vorbereiten. Hier gilt es, sich gegen Ihre Mitbewerber endgültig durchzusetzen.

Beweisen Sie Charme!

Da fachlich vermutlich alle Bewerber als ähnlich kompetent angesehen werden – andernfalls wären sie wohl kaum in die engere Wahl gekommen –, kommt es nun noch darauf an, dass Sie die Sympathie Ihres Arbeitgebers beziehungsweise Ihres Personalchefs für sich gewinnen. Schließlich soll sich die Zusammenarbeit in einem Unternehmen zwischen allen Beteiligten auch möglichst angenehm gestalten. Zeigen Sie sich deshalb in diesem Gespräch vor allem von Ihrer charmanten Seite und vermeiden Sie unbedingt jede Form von Arroganz – auch Ihren Mitbewerbern gegenüber sollten Sie nicht so negativ auftreten.

Weitere Vorstellungsgespräche

Motivation und Engagement signalisieren

Möglicherweise werden an diesem Gespräch auch Ihre künftigen Fachvorgesetzten teilnehmen. Besonders bei ihnen sollten Sie einen kooperativen, leistungsmotivierten und engagierten Eindruck hinterlassen. Ihr Fachwissen sollte dabei nicht völlig vernachlässigt werden. Bereiten Sie sich also auch diesbezüglich noch einmal intensiv vor, indem Sie aktuelle Fachliteratur beziehungsweise -zeitschriften studieren.

Rahmenbedingungen konkret ansprechen

In diesem zweiten Gespräch dürfen und sollten Sie ruhig schon konkreter nach bestimmten Arbeitsbedingungen fragen, etwa nach der Dauer der Einarbeitungszeit, der Ausstattung des Arbeitsplatzes sowie der genauen Zusammensetzung des Gehalts. Auch die Vertragsgestaltung und der Eintrittstermin sollten Themen des zweiten Gesprächs sein. Im Vordergrund sollten dabei stets Ihre Identifikation mit der Firmenphilosophie und Ihr Interesse an einer erfolgreichen Zusammenarbeit stehen. Wenn Sie in der Lage sind, diesen Eindruck Ihrem Gegenüber überzeugend zu vermitteln, haben Sie sicher gute Chancen, Ihre Mitbewerber in den Schatten zu stellen.

Checkliste: Erfolgreiche weitere Gespräche

- Auf unzulässige Fragen im Vorstellungsfragebogen müssen Sie nicht wahrheitsgemäß antworten.
- Gegen berufsbezogene Eignungstests können Sie nicht viel einwenden (obwohl ihr Aussagewert häufig fragwürdig sein dürfte).
- Auch die Einladung zu einem Assessment-Center ist grundsätzlich zulässig.

Der Vorstellungsfragebogen

noch: Checkliste: Erfolgreiche weitere Gespräche

- Wird von Ihnen ein Psychotest verlangt, ist es ratsam, sich mit Hilfe spezieller Bücher über Testauswahlverfahren vorzubereiten.
- Versuchen Sie, sich in die Lage des Fragenden hineinzuversetzen.
- Versuchen Sie im zweiten Vorstellungsgespräch vor allem, die Sympathie Ihres künftigen Arbeitgebers beziehungsweise des Personalchefs zu gewinnen.
- Bereiten Sie sich auch fachlich noch einmal intensiv vor (aktuelle Fachliteratur beziehungsweise -zeitschriften lesen).
- Fragen Sie konkret nach einzelnen Arbeitsbedingungen (etwa Einarbeitungszeit, Ausstattung des Arbeitsplatzes).

Die Einstellungsuntersuchung

Untersuchungen können erforderlich sein ...

Da Arbeitgeber grundsätzlich ein wirtschaftliches Interesse daran haben, gesunde und belastbare Mitarbeiter zu beschäftigen, wird von Bewerbern oftmals auch eine ärztliche Untersuchung verlangt. In einigen Fällen sind solche Untersuchungen oder zumindest ärztliche Atteste auch gesetzlich vorgeschrieben, so zum Beispiel in § 32 des Arbeitsschutzgesetzes vor der Einstellung eines Jugendlichen bis 18 Jahren oder im Lebensmittelgewerbe gemäß § 18 des Bundesseuchengesetzes.

... nur berufsbezogen, nicht als Check-up

Einstellungsuntersuchungen sind nur zulässig, wenn sie nicht generell als „Check-up", sondern ausschließlich im Hinblick auf die auszuübende Tätigkeit durchgeführt werden und der Bewerber dieser

Die Einstellungsuntersuchung

Maßnahme zustimmt. Mit dieser Einwilligung wird der Arzt nur insoweit von seiner Schweigepflicht entbunden, als es um die Frage geht, ob der untersuchte Bewerber gesundheitlich in der Lage ist, die vertraglich vorgesehene Arbeitsleistung zu erbringen.

Wichtig: Eine konkrete Diagnose darf der Arzt dem Arbeitgeber allerdings nicht mitteilen. Deshalb darf der Arzt auch grundsätzlich keine Auskunft darüber geben, ob der Bewerber beispielsweise mit HIV oder Hepatitis infiziert ist.

Gentests nur unter allergrößtem Vorbehalt

Generell unzulässig ist es, im Rahmen der Einstellungsuntersuchung einen Gentest durchzuführen, obwohl eine Genanalyse von Bewerbern sicher für jeden Arbeitgeber ein Wunschtraum wäre. Auf einen Schlag würden all diejenigen ausgesiebt werden, bei denen bestimmte genetisch bedingte Krankheiten auftreten könnten. Eine Horrorvorstellung für jeden Bewerber! Grundsätzlich ist mit der Durchführung einer Genomanalyse allerdings das berechtigte Interesse des Arbeitgebers daran, ob ein Bewerber den Anforderungen des Arbeitsplatzes auch gesundheitlich gewachsen ist, überschritten. Dieser Anspruch beschränkt sich in der Regel auf die Überprüfung der gesundheitlichen Verfassung eines Bewerbers zum Zeitpunkt der Vorstellung beziehungsweise seiner Einstellung.

Im Einzelfall schon heute zulässig

Es bestehen jedoch Bestrebungen des Gesetzgebers zur Einführung einer solchen Genomanalyse. Im Einzelfall kann sie auch heute schon unter bestimmten Voraussetzungen zulässig sein, sofern sie sich auf arbeitsvertraglich relevante Ermittlungen beschränkt. Außerdem muss der Bewerber dieser Untersuchung zustimmen und die Geheimhaltung der Ergebnisse des Gentests gewährleistet sein.

Der Vorstellungsfragebogen

Einstellung unter Vorbehalt

Die Aufnahme eines Vorbehalts in den Arbeitsvertrag, dass der Arbeitnehmer für die vorgesehene Tätigkeit gesundheitlich geeignet ist, kann auch dann erfolgen, wenn die Arbeit bereits tatsächlich aufgenommen wurde. Ist der Bewerber durch einen Betriebsarzt oder einen anderen von dem Arbeitgeber beauftragten Arzt untersucht worden, kann der Arbeitgeber das Untersuchungsergebnis grundsätzlich seiner Entscheidung zugrunde legen, ob er das unter Vorbehalt geschlossene Arbeitsverhältnis aufrechterhalten will oder nicht.

Urteil des Hessischen Landesarbeitsgerichts v. 08.12.1994 – Az: 12 Sa 1103/94

Wenn Sie einer solchen Einstellungsuntersuchung nicht zustimmen, müssen Sie natürlich damit rechnen, dass Sie gleich von der Bewerberliste gestrichen werden. Sofern Sie also einigermaßen gesundheitlich fit sind und den Job unbedingt haben wollen, müssen Sie schon in den sauren Apfel beißen und sich untersuchen lassen. Die Untersuchung können Sie grundsätzlich von jedem fachlich geeigneten Arzt, also beispielsweise auch von Ihrem Hausarzt, vornehmen lassen. Sinnvoller dürfte es allerdings sein, wenn Sie einen Arbeitsmediziner Ihres Vertrauens aufsuchen. Die Kosten der Einstellungsuntersuchung hat grundsätzlich der Arbeitgeber zu tragen.

Achtung: Eine Ausnahme kann aber dann gelten, wenn der künftige Chef zum Beispiel von Ihnen verlangt, sich beim arbeitsmedizinischen Dienst untersuchen zu lassen, mit dem er eine Pauschalvergütung vereinbart hat. Bestehen Sie in diesem Fall darauf, sich von einem anderen Arzt untersuchen zu lassen, müssen Sie die Kosten hierfür übernehmen.

> **Checkliste: Durchführung von Einstellungsuntersuchungen**
>
> - Einstellungsuntersuchungen dürfen nicht gegen Ihren Willen vorgenommen werden.
> - Grundsätzlich haben Sie freie Arztwahl.
> - Achten Sie darauf, dass Sie einen Arzt wählen, der sich in dem entsprechenden Arbeitsbereich auskennt.
> - Gentests sind im Rahmen der Einstellungsuntersuchung in der Regel unzulässig.
> - Die Kosten der ärztlichen Untersuchung trägt grundsätzlich der Arbeitgeber.

Einholen von Erkundigungen

Der künftige Chef darf grundsätzlich bei früheren Arbeitgebern Erkundigungen über einen Bewerber einholen. Allerdings können Sie es ihm ausdrücklich untersagen. Dies gilt natürlich besonders dann, wenn Sie noch in einem ungekündigten Arbeitsverhältnis stehen und durch die Nachfrage mit beruflichen Nachteilen in Ihrem aktuellen Job rechnen müssten.

Wichtig: Hält der neue Arbeitgeber sich trotzdem nicht an Ihr Verbot, kann er sich Ihnen gegenüber schadensersatzpflichtig machen, insbesondere wenn Sie dadurch Ihre bisherige Stelle verlieren.

Wo hat der Arbeitgeber Erkundigungen eingeholt?

Der Arbeitgeber ist grundsätzlich berechtigt, über einen Bewerber Auskünfte einzuholen. Der Bewerber kann ihm allerdings untersagen, sich bei seinem derzeitigen Chef zu erkundigen. Außerdem kann er von dem etwaigen künftigen Arbeitgeber Auskunft darüber verlangen, bei welchen früheren Arbeitgebern er im Rahmen des Bewerbungsverfahrens Erkundigungen über ihn eingeholt hat.

Urteil des Arbeitsgerichts Stuttgart v. 01.02.2001 – Az: 28 Ca 8988/00

Der Vorstellungsfragebogen

Detekteien und Schufa-Auskünfte

Häufig lassen Arbeitgeber ihre künftigen Mitarbeiter auch von Detekteien durchleuchten. Juristisch betrachtet dürfte eine solche Maßnahme grundsätzlich überzogen und damit rechtswidrig sein. In der Regel werden Sie dieses aber nicht verhindern können, geschweige denn überhaupt etwas davon bemerken.

Ebenso rechtswidrig wäre es, wenn der Chef in spe über die einzelnen Bewerber Schufa-Auskünfte einholen ließe. Hierauf hat er keinen gesetzlichen Anspruch. Würde er sich solche Auskünfte über irgendwelche „dunklen Kanäle" beschaffen, macht er sich strafbar.

Checkliste: Erlaubte und nicht erlaubte Erkundigungen

- Ein künftiger Arbeitgeber ist grundsätzlich berechtigt, bei Ihren früheren Chefs Erkundigungen über Sie einzuholen.
- Sie können die Einholung solcher Erkundigungen untersagen.
- Im Falle der Zuwiderhandlung haben Sie einen Anspruch auf Schadensersatz.
- Die Einholung von Auskünften über Bewerber durch eine Detektei ist in der Regel unzulässig.
- Der künftige Chef ist nicht berechtigt, Schufa-Auskünfte über Sie einzuholen.

Wenn Sie eine Absage bekommen

8

Analysieren Sie
sämtliche Erkenntnisse 114

Nun erst recht: Chancen nutzen! 115

Wann Sie die Vorstellungskosten
ersetzt bekommen 116

Wenn Sie eine Absage bekommen

Analysieren Sie sämtliche Erkenntnisse

Auch wenn Sie selbst von dem Vorstellungsgespräch mit einem guten Gefühl nach Hause gegangen sind, kann das Unternehmen sich dennoch für einen anderen Kandidaten entschieden haben und Ihnen daraufhin eine Absage erteilen. Natürlich werden Sie im ersten Moment enttäuscht und deprimiert sein. Versuchen Sie aber dennoch, dieses negative Ergebnis zu Ihren Gunsten zu nutzen und zu analysieren, ob Ihnen beim Vorstellungsgespräch möglicherweise Fehler unterlaufen sind, die Sie beim nächsten Mal vermeiden können.

Fragen Sie nach, was falsch gelaufen ist

Falls Sie als Absage lediglich einen Dreizeiler erhalten haben und sich beim besten Willen nicht vorstellen können, was bei Ihrem Vorstellungsgespräch schief gelaufen sein könnte, sollten Sie ruhig den Mut haben, sich entweder mit dem Personalchef oder mit anderen Personen, die am Vorstellungsgespräch teilgenommen haben, in Verbindung zu setzen, um nach den Ursachen für die Absage zu forschen. Schließlich wollen Sie ja aus etwaigen Fehlern lernen und dazu müssen Sie in Erfahrung bringen, wo Ihre Schwachstellen gelegen haben.

Überprüfung des Bewerbungsverfahrens im Klagewege

Ein Bewerber, der für eine ausgeschriebene Stelle im öffentlichen Dienst nicht berücksichtigt wurde, kann im Rahmen einer so genannten Konkurrentenklage vor dem Arbeitsgericht prüfen lassen, ob sein Bewerbungsverfahrensanspruch verletzt worden ist. Eine derartige Klage ist allerdings nur bis zur endgültigen Besetzung der ausgeschriebenen Stelle zulässig.

Entscheidung des Bundesarbeitsgerichts v. 22.06.1999 – Az.: 9 AZR 521/98

Nun erst recht: Chancen nutzen!

Eine weitere Möglichkeit, einer Absage noch etwas Positives abzugewinnen und gleichzeitig Souveränität zu beweisen, besteht darin, der Firma schriftlich mitzuteilen, dass Sie die Auswahlentscheidung zwar bedauern, aber aufgrund Ihres besonderen Interesses an dem Unternehmen hoffen, bei Freiwerden einer vergleichbaren Stelle berücksichtigt zu werden. Auf diese Weise unterstreichen Sie nochmals die Ernsthaftigkeit Ihrer Bewerbung und bleiben dem Personalchef in guter Erinnerung. Vielleicht klappt es dann ja tatsächlich schon bald mit Ihrer Einstellung oder Sie werden gegebenenfalls an ein ähnliches Unternehmen weiterempfohlen. Außerdem kommt es immer wieder vor, dass der Kandidat, der die Zusage erhalten hat, seinerseits zurücktritt oder dass er schon die Probezeit nicht übersteht. In diesem Fall würden Sie quasi schon in den Startlöchern sitzen.

Planvoll und gezielt bewerben

Auf jeden Fall sollten Sie durch eine Absage nicht Ihr Selbstvertrauen verlieren, sondern – nun erst recht – planvoll und gezielt ins nächste Bewerbungsverfahren gehen. Volkshochschulen und andere Institutionen bieten außerdem spezielle Kurse zum Bewerbungstraining an. Dort können Sie Ihr angeschlagenes Ego wieder aufrichten und mit anderen Betroffenen Ihre Erfahrungen austauschen.

Checkliste: Mit Absagen konstruktiv umgehen

- Analysieren Sie den Ablauf des Vorstellungsgespräches danach, welche Fehler Ihnen möglicherweise unterlaufen sind.
- Fragen Sie gegebenenfalls nach, welche Gründe zu Ihrer Absage geführt haben.
- Teilen Sie dem Unternehmen gegebenenfalls mit, dass Sie grundsätzlich weiterhin an einer Stelle dort interessiert wären.
- Absolvieren Sie eventuell ein Bewerbungstraining.

Wenn Sie eine Absage bekommen

Wann Sie die Vorstellungskosten ersetzt bekommen

Grundsätzlich zahlt das Unternehmen

Hier gilt folgende Faustregel: Wurden Sie von dem Unternehmen zum Vorstellungsgespräch eingeladen, dann hat dieses grundsätzlich auch die Ihnen hierdurch entstandenen Kosten zu tragen. Das heißt jedoch nicht, dass Sie stets die teuerste Reiseart wählen können, in der Erwartung, die Firma müsse ja dafür zahlen.

> **Beispiel:**
>
> Ob Sie etwa einen Flug ersetzt bekommen, hängt in erster Linie davon ab, wie weit Sie vom Vorstellungsort entfernt wohnen und zu welcher Tageszeit das Gespräch geführt werden soll. Leben Sie beispielsweise in Hamburg und haben Ihren Termin um 11 Uhr in Stuttgart, dann können Sie natürlich nur dann pünktlich eintreffen, wenn Sie mit dem Flugzeug anreisen oder aber bereits am Vorabend kommen und in Stuttgart übernachten. In diesem Fall hätte das Unternehmen entweder die Flugkosten oder das Bahnticket beziehungsweise die Kosten für die Anreise im eigenen Pkw zuzüglich der Übernachtungskosten und Verpflegung zu erstatten.

Sofern es sich um eine gehobene Position handelt, dürfte die Anreise per Flugzeug allerdings üblich sein.

Rechtzeitig die Kosten klären

In der Regel sind schon in der schriftlichen Einladung Hinweise bezüglich der Kostenerstattung enthalten. Sollte dies nicht der Fall sein, ist es ratsam, sich rechtzeitig bei der Personalabteilung zu informieren. Will das Unternehmen nämlich ausdrücklich keine Vorstellungskosten übernehmen, sollten Sie sich ernsthaft überlegen,

Wann Sie die Vorstellungskosten ersetzt bekommen

ob Sie sich bei einer solchen Firma überhaupt bewerben wollen. Möglicherweise müssten Sie dort als Arbeitnehmer des Öfteren mit „Sparmaßnahmen" rechnen.

> **Praxis-Tipp:**
>
> Sofern das Vorstellungsgespräch in Ihrer Stadt durchgeführt wird, macht es grundsätzlich einen besseren Eindruck, wenn Sie überhaupt keine Auslagenerstattung geltend machen (allenfalls für unvermeidbare Taxi-Kosten).

Haben Sie sich bei einer Firma auf Eigeninitiative, zum Beispiel nach einer kurzen telefonischen Voranmeldung, vorgestellt, haben Sie in der Regel keinen Kostenerstattungsanspruch. Etwas anderes könnte nur gelten, wenn Sie zwar Ihre Bewerbungsunterlagen von sich aus an ein Unternehmen geschickt oder sich dort telefonisch beworben haben und aufgrund dessen zu einem Vorstellungsgespräch eingeladen wurden. Hier kommt es aber auf den Einzelfall an.

Wichtig: Jedenfalls kann dann ein Bestehen auf Auslagenerstattung oft einen schlechten Eindruck hinterlassen, der möglicherweise sogar zu einer späteren Absage führen könnte.

Im Einzelfall zahlt die Agentur für Arbeit

Abschließend noch ein Tipp: Im Einzelfall kann auch die Agentur für Arbeit die Kosten für die Vorstellung übernehmen. Dies ist in den §§ 45, 46 Sozialgesetzbuch (SGB) Drittes Buch (III) geregelt. Dies gilt insbesondere, wenn Sie arbeitslos bzw. von Arbeitslosigkeit bedroht sind und deshalb finanziell nur schwer in der Lage sind, die für die Vorstellung entstehenden Kosten allein zu tragen. Deshalb sollten Sie sich möglichst frühzeitig bei Ihrer zuständigen Agentur für Arbeit über eine etwaige Kostenübernahme informieren.

Wenn Sie eine Absage bekommen

> **Checkliste: Erstattung der Vorstellungskosten**
>
> - Wurden Sie von dem Unternehmen zum Vorstellungsgespräch eingeladen, muss es Ihnen die dadurch entstandenen Kosten ersetzen.
>
> - Die Art der Anreise richtet sich in der Regel nach dem Termin des Vorstellungsgesprächs und nach der Entfernung des Vorstellungsortes.
>
> - Will das Unternehmen die Vorstellungskosten nicht übernehmen, muss es dies ausdrücklich ausschließen.
>
> - Haben Sie sich auf Eigeninitiative hin vorgestellt, besteht in der Regel kein Kostenerstattungsanspruch.
>
> - Informieren Sie sich rechtzeitig über eine eventuelle Übernahme der Vorstellungskosten durch die Agentur für Arbeit.

Alle Tipps und Tricks auf einen Blick 9

Alle Tipps und Tricks auf einen Blick

Die folgenden Listen dienen zur Erinnerung und Sie können hier abhaken, ob Sie auch an alles gedacht haben.

Bewerbung ist Selbstdarstellung!

- Formulieren Sie bei jeder Bewerbung einen auf die jeweils ausgeschriebene Stelle speziell zugeschnittenen Lebenslauf.
- Vertuschen Sie Stagnationen und Abstiege in Ihrer beruflichen Karriere oder erklären Sie diese mit ungünstigen Umständen, auf die Sie keinen Einfluss hatten.
- Eigenkündigungen sollten Sie stets damit begründen, dass Sie sich beruflich weiterentwickeln wollten.

Wann Schwachstellen offenbart werden müssen

- Grundsätzlich muss ein Bewerber nur solche Dinge von sich aus offenbaren, die für die in Aussicht genommene Arbeit nach allgemeiner Auffassung von Bedeutung sind.
- Wird aufgrund Ihrer Aufklärungspflicht eine Schwachstelle bekannt, sollten Sie diese – wenn möglich – als eine schicksalhafte Begebenheit darstellen.
- Unerfreuliche Entwicklungen im Lebenslauf sollten grundsätzlich durch positive ausgeglichen werden.
- Zeitlücken im Lebenslauf sollten mit tatsächlichen oder erfundenen (sofern nicht nachprüfbaren) Tätigkeiten ausgefüllt werden.

Alle Tipps und Tricks auf einen Blick

Wie Sie „dunkle Punkte" im Lebenslauf verdecken

- Lücken im Lebenslauf bis zu drei Monaten können meist übergangen werden.

- Fortbildungsmaßnahmen bringen Ihnen auf jeden Fall Pluspunkte.

- Größere Lücken als drei Monate (vor allem ab sechs Monaten) sollten unbedingt durch solche Tätigkeiten ausgefüllt werden, die Ihrer beruflichen Entwicklung dienlich erscheinen (zum Beispiel Lehrgänge zur Spezialisierung, gegebenenfalls auch Umschulung oder eine höhere Qualifikation durch Erlangung eines höheren Schulabschlusses bzw. Fernstudium).

- Bietet sich keine Möglichkeit, „dunkle Punkte" durch aufwertende Tätigkeiten zu verdecken und unterliegen Sie keiner Offenbarungspflicht, konstruieren Sie einen glaubwürdigen Lückenfüller (beispielsweise selbstständige Tätigkeit, Auslandsaufenthalt, Familienpause). Achtung: Sie müssen im Vorstellungsgespräch mit Nachfragen rechnen! Ihre Geschichte muss deshalb absolut „wasserdicht" sein und darf auch nicht nachgeprüft werden können. Außerdem sollten Sie über ein wenig schauspielerisches Talent verfügen.

- Endeten frühere Arbeitsverhältnisse außerhalb der üblichen Kündigungsfristen, sollten hierfür möglichst betriebliche Gründe angegeben werden können. Falls dies nicht möglich ist, sollten Sie nur ein einfaches Zeugnis mit der Bewerbung einreichen.

- Wenn möglich, sollten Alkohol- oder Drogenprobleme, schwere bzw. chronische Krankheiten sowie Gefängnisaufenthalte verheimlicht und die hierdurch entstandenen Lücken im Lebenslauf durch wahre oder erfundene Angaben berufsfördernder Tätigkeiten ausgefüllt werden. Dies ist aber nur zulässig, sofern Sie keiner Offenbarungspflicht unterliegen.

Alle Tipps und Tricks auf einen Blick

Wie Sie sich im Bewerbungsschreiben interessant machen

- Wecken Sie mit dem Bewerbungsschreiben Interesse an Ihrer Person.
- Formulieren Sie flüssig und knapp Ihre Kenntnisse, Eigenschaften, Fähigkeiten und Berufserfahrungen, jeweils im Hinblick auf die Stellenbeschreibung.
- Machen Sie Ihre Motivation für die Stelle deutlich.
- Nutzen Sie das Bewerbungsschreiben als Stichwortvorlage für das spätere Vorstellungsgespräch.
- Preisen Sie sich so an, dass beim Leser der Wunsch entsteht, Sie persönlich kennenzulernen.
- Hüten Sie sich vor extremen Übertreibungen bezüglich Ihrer tatsächlichen Qualifikation, besonders vor Widersprüchen zwischen Arbeitszeugnissen und Ihren Behauptungen.

Zeugnisse

- Aus der Schul- und Ausbildungszeit sind lediglich Abschlusszeugnisse einzureichen.
- Zu allen beruflichen Stationen, die Sie in Ihrem Lebenslauf angeben, sollten Sie die dazugehörigen Zeugnisse vorlegen. Achten Sie dabei unbedingt auf Vollständigkeit.
- Vergessen Sie nicht, sich auch für Fortbildungskurse stets Zeugnisse ausstellen zu lassen. Falls Sie in einem solchen Kurs nicht so gut abschneiden sollten, ist es besser, sich nur die Teilnahme bestätigen zu lassen.
- Nach längerer Beschäftigungsdauer (ab circa drei Jahren) sollten Sie – falls in dem Unternehmen nicht sowieso üblich – stets ein qualifiziertes Zeugnis verlangen.

Alle Tipps und Tricks auf einen Blick

- Falls Sie im Bösen aus einer Firma ausscheiden, kann es unter Umständen für Sie günstiger sein, nur um ein einfaches Zeugnis zu bitten.
- Wenn Sie sich aus einer ungekündigten Stellung heraus bewerben wollen, haben Sie Anspruch auf ein Zwischenzeugnis.

Können Referenzen nützlich sein?

- Als Referenzgeber kommen grundsätzlich fachlich kompetente und integre Persönlichkeiten in Frage.
- Referenzen werden in der Regel schriftlich erteilt. Es handelt sich dabei um persönliche Beurteilungen, die eine Empfehlung beinhalten.
- Reichen Sie Referenzen nur ein, wenn dies ausdrücklich gewünscht ist.
- Sofern branchenüblich, können Referenzen auch fernmündlich eingeholt werden.
- Referenzen können bei der Bewertung eines Bewerbers mehr Gewicht zukommen als einem Arbeitszeugnis.

Wie Sie telefonisch „vorfühlen" können

- Bereiten Sie sich auf das Telefongespräch inhaltlich sorgfältig vor.
- Machen Sie sich für den Gesprächsablauf eine Skizze und notieren Sie sämtliche Punkte, die Sie ansprechen möchten.
- Wählen Sie einen günstigen Termin.
- Seien Sie geschickt im Umgang mit Sekretärinnen und Vorzimmerdamen.

Alle Tipps und Tricks auf einen Blick

- Fragen Sie Ihren Gesprächspartner, ob Ihr Anruf nicht gerade ungelegen kommt. Wenn ja, vereinbaren Sie möglichst gleich einen konkreten Termin für Ihren nächsten Anruf.
- Zeigen Sie Interesse nicht nur an der Stelle, sondern am gesamten Unternehmen.
- Checken Sie ab, welche Erwartungen an den künftigen Stelleninhaber geknüpft werden, und lassen Sie durchblicken, dass Sie diese Erwartungen erfüllen könnten.
- Reichen Sie Ihre Bewerbungsunterlagen möglichst bald nach dem telefonischen Vorgespräch ein, damit Ihr Name nicht wieder in Vergessenheit gerät.

Das Vorstellungsgespräch

Der erste Eindruck ist der wichtigste

- Im Vorstellungsgespräch will sich der künftige Arbeitgeber ein Bild von der Persönlichkeit des Bewerbers machen und prüfen, ob dieser in die Firma passt.
- Versuchen Sie, gleich in den ersten Minuten des Gesprächs die Sympathie des künftigen Chefs beziehungsweise des Personalchefs zu gewinnen.

Eine gute Vorbereitung gibt Sicherheit

- Informieren Sie sich so umfassend wie möglich über das Unternehmen.
- Überlegen Sie sich, welche Ihrer bisherigen Berufserfahrungen für die ausgeschriebene Stelle besonders von Bedeutung sein könnten.
- Bereiten Sie eigene Fragen für das Vorstellungsgespräch vor (vergleiche Seite 78).
- Kommen Sie pünktlich und ausgeruht zum Vorstellungstermin.

Alle Tipps und Tricks auf einen Blick

Wie Sie richtig auftreten

- Ihre Gesamterscheinung ist entscheidend.
- Wählen Sie die passende Kleidung.
- Kontrollieren Sie Ihre Körpersprache, Gestik und Stimme.
- Absolvieren Sie gegebenenfalls einen Rhetorik-Kurs.
- Versuchen Sie, Selbstbewusstsein und Sicherheit auszustrahlen.
- Unfreundlichkeit und unhöfliches Benehmen können bei Ihrem Gegenüber sofort eine Antipathie erzeugen.
- Versuchen Sie, mit Ihrem Gesprächspartner eine Art Vertrauensverhältnis aufzubauen.
- Zeigen Sie im Gespräch Kompetenz, Interesse am Unternehmen, Engagement und Leistungsmotivation.

Der Ablauf eines Vorstellungsgesprächs

- Der Ablauf eines Vorstellungsgesprächs richtet sich in erster Linie nach der Art der zu besetzenden Stelle sowie nach dem Alter, dem Geschlecht, der Ausbildung sowie nach den Erfahrungen des Bewerbers.
- Lassen Sie Ihren Gesprächspartner ruhig lange Ausführungen machen. Fassen Sie sich dagegen bei Ihren Antworten eher kurz und vermeiden Sie Monologe.
- Beziehen Sie jede Frage auf die in Aussicht stehende Stelle und die damit verbundenen Anforderungen.
- Geben Sie so wenig wie möglich von Ihrer Privatsphäre preis.
- Verhalten Sie sich im Gespräch grundsätzlich defensiv.

Alle Tipps und Tricks auf einen Blick

- Versuchen Sie, kompetente Einwürfe zu machen und Schwerpunkte zu setzen.
- Verlieren Sie auch in Stress-Interviews nicht den Kopf und reagieren Sie nicht aggressiv.
- Führen Sie in der „Aufwärmphase" einen kurzen, höflichen Smalltalk.
- Lehnen Sie angebotene alkoholische Getränke freundlich ab und wählen Sie stattdessen Kaffee, Tee oder Wasser.
- Stellen Sie Ihre Motivation und Ihr spezielles Interesse hinsichtlich der ausgeschriebenen Stelle überzeugend dar.
- Identifizieren Sie sich mit der Firmenphilosophie.
- Erzählen Sie nichts über andere laufende Bewerbungen oder bisherige Absagen.
- Stellen Sie Ihren beruflichen Werdegang so positiv wie möglich dar und verschweigen Sie Misserfolge oder Rückschläge.
- Machen Sie deutlich, dass Sie mit Ihrer Bewerbung eine ganz bestimmte berufliche Entwicklung verfolgen.
- Antworten Sie bei Fragen nach Ihren persönlichen Verhältnissen diplomatisch.
- Fragen, die Ihre Intimsphäre verletzen, brauchen Sie sich nicht gefallen zu lassen. Grenzen Sie sich dagegen bestimmt, aber höflich ab.
- Sofern Sie keine Offenbarungspflicht trifft, brauchen Sie bestehende Krankheiten nicht mitzuteilen.
- Heben Sie alle Argumente hervor, die Sie als künftigen Stelleninhaber prädestinieren.
- Stellen Sie Fragen zum firmeninternen Aufbau sowie nach Ihren Entwicklungsmöglichkeiten innerhalb des Unternehmens.

- Nennen Sie eine Gehaltsvorstellung, die etwa 10 bis 15 Prozent über Ihrem bisherigen Gehalt liegt. Bleiben Sie bei Ihrem Gehaltswunsch aber realistisch und beweisen Sie Kompromissbereitschaft.
- Achten Sie auch bei der Verabschiedung auf ein höflich-freundliches Benehmen.

Wann „Notlügen" erlaubt sind

- Stellt ein Arbeitgeber eine unzulässige Frage, dürfen Sie diese unrichtig beantworten.
- Erlaubt sind nur Fragen, die in unmittelbarer Beziehung zu der ausgeschriebenen Stelle stehen. Solche Fragen müssen Sie grundsätzlich wahrheitsgemäß beantworten.
- Die Wahrheitspflicht gilt dann sogar für solche Fragen, die in höchstpersönliche und rechtlich geschützte Bereiche eindringen (wie etwa eine Religions-, Partei- oder Gewerkschaftszugehörigkeit).

Was Sie getrost verschweigen dürfen

- Geben Sie nur solche Informationen über sich preis, die für die Darstellung des von Ihnen gewünschten Images erforderlich sind.
- Nennen Sie von sich nur überwiegend positive Eigenschaften.
- Eine Aufklärungspflicht des Bewerbers besteht nur dann, wenn außergewöhnliche Umstände vorliegen, durch die die üblichen Risiken eines Arbeitsverhältnisses überschritten werden könnten.
- Verschweigen Sie möglichst alles Negative über sich.

Alle Tipps und Tricks auf einen Blick

Stellen Sie Ihr Licht nicht unter den Scheffel

- Seien Sie sich Ihrer Fähigkeiten und Leistungen bewusst.
- Stellen Sie Ihr persönliches Image überzeugend dar.
- Betonen Sie Ihre Vorzüge und Erfolge, zum Beispiel mit einem kurzen Bericht über Ihre bisherigen Projekte.

Wo Sie etwas dicker auftragen können

- Stellen Sie Ihre Fähigkeiten ruhig ein wenig übertrieben dar.
- Schildern Sie Ihre persönlichen Eigenschaften besser allgemein.
- Heben Sie hervor, dass Sie sich laufend fachlich weiterbilden, um up to date zu sein.

Wie Sie im Gruppengespräch geschickt taktieren

- Achten Sie beim Gruppengespräch besonders auf Ihre Umgangsformen.
- Gehen Sie mit den anderen Kandidaten möglichst freundlich und höflich um.
- Lassen Sie die anderen stets ausreden und zeigen Sie, dass Sie sie ernst nehmen.
- Vertreten Sie Ihre Meinung aufgeschlossen und selbstsicher.
- Vermeiden Sie lange Monologe.
- Gehen Sie auf andere Bewerber ein.

Alle Tipps und Tricks auf einen Blick

Womit Sie sonst noch rechnen müssen

- Auf unzulässige Fragen im Vorstellungsfragebogen müssen Sie nicht wahrheitsgemäß antworten.

- Gegen berufsbezogene Eignungstests können Sie nicht viel einwenden (obwohl ihr Aussagewert häufig fragwürdig sein dürfte).

- Wird von Ihnen ein Psychotest verlangt, ist es ratsam, sich mit Hilfe von speziellen Büchern über Testauswahlverfahren vorzubereiten.

- Versuchen Sie, sich in die Lage des Fragenden hineinzuversetzen.

- Versuchen Sie im zweiten Vorstellungsgespräch vor allem, die Sympathie Ihres künftigen Arbeitgebers beziehungsweise des Personalchefs zu gewinnen.

- Bereiten Sie sich auch fachlich noch einmal intensiv vor (aktuelle Fachliteratur beziehungsweise -zeitschriften lesen).

- Fragen Sie konkret nach einzelnen Arbeitsbedingungen (zum Beispiel Einarbeitungszeit, Ausstattung des Arbeitsplatzes).

- Falls eine Einstellungsuntersuchung von Ihnen verlangt wird, wählen Sie einen Arzt, dem Ihr zukünftiger Arbeitsbereich vertraut ist.

- Sollten Sie keinen geeigneten Arzt finden, sollten Sie sich auf Wunsch des Arbeitgebers auch vom Werksarzt beziehungsweise dem arbeitsmedizinischen Dienst untersuchen lassen.

Alle Tipps und Tricks auf einen Blick

Wenn Sie eine Absage bekommen haben

- Analysieren Sie den Ablauf des Vorstellungsgespräches danach, welche Fehler Ihnen möglicherweise unterlaufen sind.
- Fragen Sie gegebenenfalls nach, welche Gründe zu Ihrer Absage geführt haben.
- Teilen Sie dem Unternehmen gegebenenfalls mit, dass Sie grundsätzlich weiterhin an einer Stelle dort interessiert wären.
- Absolvieren Sie eventuell ein Bewerbungstraining.

Wann Sie die Vorstellungskosten ersetzt bekommen

- Wurden Sie von dem Unternehmen zum Vorstellungsgespräch eingeladen, muss es Ihnen die dadurch entstandenen Kosten ersetzen.
- Die Art der Anreise richtet sich in der Regel nach dem Termin des Vorstellungsgesprächs und nach der Entfernung des Vorstellungsortes.
- Will das Unternehmen die Vorstellungskosten nicht übernehmen, muss es dies ausdrücklich ausschließen.
- Haben Sie sich auf Eigeninitiative hin vorgestellt, besteht in der Regel kein Kostenerstattungsanspruch.
- Vergessen Sie nicht, sich rechtzeitig bei der Agentur für Arbeit nach einer etwaigen Übernahme der Vorstellungskosten zu erkundigen.

Findex

Abendschule 20
Absagen 66, 83, 114
Abschlusszeugnisse 46
Agentur für Arbeit 20, 117
Alkohol- oder Drogenprobleme 14
Allgemeines Gleichbehandlungsgesetz 76, 88
Analysefähigkeit 99
Anfechtungsrecht 87
Anpassungsfähigkeit 58, 99
Anstellungsbetrug 104
Antipathie 58
Arbeitgeber 45
Arbeits- und Vertragsbedingungen 62
Arbeitsbedingungen 27, 107
Arbeitsgericht 25, 43
Arbeitsklima, schlechtes 22
Arbeitslosen-Initiativen 20
Arbeitslosigkeit, längere 16, 19
Arbeitsunfähigkeit 69
Arbeitsvertrag 74
Arbeitswillen 20
Arbeitszeit- oder Urlaubsregelungen 79
Arbeitszeugnis 43
Arztwahl, freie 111

Assessment-Center 104
Aufgabenbeschreibung 78
Aufgabengebiete 22
Aufklärungspflicht 14
Aufstiegschancen 78
Auftreten 52, 65
Ausbildung 15, 19
Ausdrucksvermögen 57
Ausfallzeiten 30
Aushilfs- oder Ferienjobs 19
Auslandsaufenthalt 18, 33, 54
Ausscheidungsdatum 23
Aussteigen 26
Auswahlverfahren 76, 115

Babypause 27
Bedauer-Klausel 24
Beendigung, vorzeitige 23, 45
Belastbarkeit 29, 64
Beleidigung 64
Berichtigung 43
Berufsanfänger 18
Berufserfahrungen 19, 54
Berufsverbände 80
Beschäftigungsdauer 23, 46
Betriebsschließung 20
Betriebsvereinbarung 74
Beurteilung, fachliche 64

Findex

Bewerberauswahl 76
Bewerbungsgespräch 29, 96
Bewerbungsschreiben 18
Bewerbungstraining 115
Bewerbungsverfahren 52, 114
Bundeszentralregister 90

Chancengleichheit 76
Charaktereigenschaften 21
Charisma 58

Detekteien 112
Diagnose 109
Drogen- und Alkoholprobleme 30
Drogentherapie 30

Ehepartner 70
Eigeninitiative 77
Eignungstest 104
Einarbeitungszeit 107
Eingruppierung 92
Einkommensverhältnisse 72
Einstellungsfragebogen 103
Elternzeit 27
Entwicklung, berufliche 12
Entziehungskur 30
Erkrankungen, chronische 14
Erkundigungen 111
Ermittlungsverfahren 89
Ersatzdienstpflicht 91
Extra-Vergünstigungen 80

Fachliteratur 28
Fachwissen 77
Fachzeitschriften 54

Fahrerlaubnis 94
Familiengründung 70
Familienpause 21, 27
Familienplanung 87
Familienstand 69
Fehlzeiten 35
Fernlehrgänge 31
Fernstudium 20
Festanstellung 81
Firmenhierarchie 78
Firmenphilosophie 53
Firmenwagen 79
Flexibilität 29
Fortbildungsbereitschaft 77
Fortbildungskurse 16, 20
Fortbildungsmaßnahmen 68
Fragen, unzulässige 63, 86
Fragerecht 90
Freizeitaktivitäten 72
Fristlose Kündigung 23, 45
Führung 25
Führungszeugnis 33, 89

Gefängnisaufenthalte 32
Gegenseitiges Einvernehmen 25
Gehaltsentwicklung 80
Gehaltsvorstellung 79
Geheimhaltung 109
Gentest 109
Gesprächsablauf 49, 58, 62, 63, 78
Gesundheitsgefährdung 75
Gesundheitszustand 45, 62, 74
Gewerkschaftszugehörigkeit 92

Findex

Gleichheitsgrundsatz 88
Gleichstellung 75
Gratifikationen 80
Gründe, betriebliche 25, 44
Gründe, fachliche 22

Haftstrafen 14
Handlungsvollmachten 78
Hausfrau 29
Heiratsabsichten 95
HIV-Infektion 75
Hobbys 72
Hoppenstedt-Handbücher 48, 53

Image 93
Infektion 75
Informationsmaterial 48
Insolvenz 20
Intensivsprachkurs 19
Internet 48
Interviewer 63
Intimsphäre 73
IT-Kurse 20

Jungakademiker 18

Karriere 71
Karrierebewusstsein 78, 81
Kinder 21
Kinderbetreuung 28, 29, 70
Kindererziehung 21
Kollegen 95
Kompetenzen 40, 58
Kompromissbereitschaft 82
Konfession 87

Konkurrentenklage 114
Konkurrenzsituation 99
Kontaktfähigkeit 105
Konzentrationsschwäche 105
Körpersprache 57
Kostenerstattung 116
Krankheit 16
Krankheiten, ansteckende 14
Krankheiten, chronische 34
Kreativität 77
Kündigung 20
Kündigung während der Probezeit 21
Kündigungsfrist, ordentliche 23
Kündigungsfristen 23, 37
Kündigungsgrund 24, 45
Kur 14, 94

Lebensgeschichte 63
Lebenskrisen 15
Lebenslauf 12
Lebenspartner 70
Lebensplanung 68
Leistungen 25, 97
Leistungsbereitschaft 36, 62, 77
Lohnanspruch 23
Lohnsteuerkarte 80
Lückenfüller 37

Marktwert 79
Mindestvergütung 80
Misserfolge 68
Mitarbeiter 19, 94
Mitbewerber 76, 99

Findex

Mitgliedschaft in einer
   Gewerkschaft 87
Monologe 62, 83
Motivation 41
Mutterschutzgesetz 89

Nachfragen 25, 69
Neuorientierung 36
Notlüge 36, 69

Offenbarungspflicht 14, 35
Öffentlicher Dienst 32, 90
Organisationstalent 29

Personalauswahlseminar 104
Personalchef 114
Personalfragebogen 102
Persönliche Verhältnisse 69
Persönlichkeitstest 104
Phantasie 27
Praktika 19
Pressematerial 53
Privatsphäre 69, 83
Probezeit 21, 81
Projekte 96

Qualifikation 40, 77

Raffinesse 102
Raucher 65, 74
Recht zur Lüge 86
Referenzen 46
Resturlaub 24
Rhetorik-Kurs 58
Rollenspiel 49

Sachverstand 49
Schadensersatz 15
Scheidung 95
Schufa-Auskünfte 112
Schulabschluss 36
Schulden 72
Schwachstellen 15, 68
Schwangerschaft 88
Schweigepflicht 109
Schwerbehinderte 75
Selbstbewusstsein 58
Selbstdarstellung 12, 52, 93
Selbstständige Tätigkeit 25, 27
Selbstüberschätzung 58
Sicherheit 53
Single 73
Smalltalk 65
Sonderkündigungsschutz 76
Souveränität 64
Sozialleistungen 80
Sozialverhalten 99
Sparmaßnahmen 117
Spezialisierung 20, 36
Sprachkenntnisse 19
Stellenabbau 20
Stellenausschreibung 79, 81
Stellenbeschreibung 23, 41, 49
Stelleninhaber 49
Stellenwechsel 80
Steuerklasse 70
Stress-Interviews 64, 83
Stress-Situationen 57, 105
Studium 29

Findex

Tagungen 77
Tarifbindung 92
Tätigkeitsschwerpunkte 77, 97
Tatsachen, verschwiegene 15
Täuschung, arglistige 75, 86
Teamfähigkeit 66, 67, 77
Teilnahmebescheinigung 19
Teilzeitarbeit 27
Therapien 14, 30

Überbrückungstätigkeiten 16
Übereifer 66
Umgangsformen 56, 65, 99
Umschulung 20, 36
Unbestechlichkeit 72
Unfall 20
Unfreundlichkeit 58
Untersuchungshaft 32
Urlaub, unbezahlter 23, 45
Urlaubsvertretungen 19

Verabschiedung 62, 84
Veranlagungen, sexuelle 73
Verhältnisse, soziale 71
Verkehrssünderkartei 91
Verletzungsrisiko 73
Vertrag anfechten 15
Vertragsgestaltung 107
Vertrauensverhältnis 58
Volkshochschule 20
Vorgespräch, telefonisches 49
Vorstellungsgespräch 22, 52
Vorstellungskosten 116
Vorstrafen 32, 89

Wahrheitspflicht 15
Wehrdienstpflicht 91
Weiterbildung 15, 36
Werdegang, beruflicher 26, 67
Wettbewerbsverbot 14
Wiedereinstieg 26
Wirtschaftsarchive 48

Zeiterfassung 79
Zeitlücken 16
Zertifikate ausländischer Arbeitgeber 26
Zeugnis 19, 21, 35, 42
Zeugnis, einfaches 25, 42
Zeugnis, qualifiziertes 42
Zeugnisberichtigung 45
Zeugnissprache 43
Zwischenzeugnis 45

Sich überzeugend präsentieren

**Das Profi-Hörbuch
Bewerbung**
Entspannt zuhören
Aus Beispielen lernen
Im Gespräch souverän
umsetzen
Mit zahlreichen
Musterbriefen zum
Ausdrucken

Oscar J. Winzen
3 Audio-CDs mit 180
Minuten Gesamtlaufzeit
1 CD-ROM mit Musterbriefen
ISBN 978-3-8029-4640-0
19,90 EUR

„Interessant für alle Menschen, die viel mit dem Auto unterwegs sind und die lange Fahrtzeiten sinnvoll nutzen wollen, sowie natürlich für Lesemuffel. Zahlreiche Rollenspiele, Analysen und Tipps veranschaulichen, wie man sich im Bewerbungsgespräch vorteilhaft verhält und überzeugend präsentiert."
Euro am Sonntag

„'Das Profi-Hörbuch Bewerbung' bietet Rollenspiel-Situationen, die helfen, zukünftige Chefs zu überzeugen."
Petra

„Eine Investition, die sich lohnt. Oscar J. Winzen stimmt Stellensuchende auf Ihr wichtiges Projekt ein, bewahrt sie vor dummen Fehlern und gibt eine Fülle von Anregungen, wie man es besser machen kann." *Stellenlinks.ch*

BESTELLCOUPON Fax: 09 41/56 84-111 · E-Mail: WALHALLA@WALHALLA.de

Ja, ich bestelle

.......Expl. **Das Profi-Hörbuch
Bewerbung**
ISBN 978-3-8029-4640-0
19,90 EUR
Preisänderungen vorbehalten.

Hinweis:
Die Preise verstehen sich inkl. der gesetzl. Mehrwertsteuer, zzgl. Versandkosten. Bestellen Sie ohne Risiko, Sie haben 14 Tage Widerrufsrecht.
Adressdaten werden elektronisch gespeichert und selbstverständlich vertraulich behandelt.

Absender:

Institution   Kundennummer

Name, Vorname   Telefon-Nummer

Straße

PLZ, Ort

X
Datum, Unterschrift

WALHALLA Fachverlag · Haus an der Eisernen Brücke
93042 Regensburg · Telefon: 09 41/56 84-0
E-Mail: WALHALLA@WALHALLA.de

2-07